W0471555

C#

Gilles Tourreau

Publié par Pearson Education France
47 bis, rue des Vinaigriers
75010 PARIS
Tél. : 01 72 74 90 00
www.pearson.fr

Avec la contribution technique de Nicolas Etienne
Collaboration éditoriale : Jean-Philippe Moreux
Réalisation PAO : Léa B

ISBN : 978-2-7440-2432-0

Table des matières

Introduction

C# (à prononcer « C-sharp ») est un langage créé par Microsoft en 2001 et normalisé par l'ECMA (ECMA-334) et par l'ISO/CEI (ISO/CEI 23270). Il est très proche de Java et de C++, dont il reprend la syntaxe générale ainsi que les concepts orientés objet. Depuis sa création, et contrairement à d'autres langages de programmation, C# a beaucoup évolué à travers les différentes versions du .NET Framework, en particulier dans la version 3.5 où est introduit un langage de requête intégré appelé LINQ. Bien évidemment, il y a fort à parier que Microsoft ne s'arrêtera pas là et proposera certainement dans les versions ultérieures d'autres nouveautés !

C# est l'un des langages qui permet de manipuler la bibliothèque des classes du .NET Framework, plateforme de base permettant d'unifier la conception d'applications Windows ou Web.

Objectif de ce livre

Il n'existe pas d'ouvrages qui permettent aux développeurs d'apprendre le C# très rapidement, pour ceux disposant déjà d'un minimum de connaissance en algorithmique ou en programmation orientée objet. Le plus souvent, pas loin de la moitié du contenu des livres disponibles est consacrée à détailler les bases de la programmation. Ce genre de livres peut être rébarbatif pour les développeurs ayant un minimum d'expérience.

L'objectif de ce titre de la collection des Guides de survie est donc de présenter les fonctionnalités et les concepts de base de C# aux développeurs familiers de la programmation. Il peut être lu de manière linéaire, mais il est possible de lire isolément un passage ou un chapitre particulier. Par ailleurs, les sections de ce livre sont conçues pour être indépendantes : il n'est donc pas nécessaire de lire les sections précédentes pour comprendre les différents exemples de code d'une section donnée.

En écrivant ce livre, j'ai essayé de satisfaire plusieurs besoins plus ou moins opposés : le format des Guides de survie imposant une approche très pragmatique du langage, des extraits et exemples de code sont fournis à quasiment chaque section (ce qui est une très bonne chose !).

Ce livre est consacré aux versions 2.0, 3.0, 3.5 et 4.0 de C# (et du .NET Framework).

Organisation de ce livre

Ce livre est divisé en deux grandes parties : la première est consacrée exclusivement au langage C# et se divise en sept chapitres qui présentent les éléments du langage, la programmation orientée objet, la gestion des erreurs, les génériques, les chaînes de caractères et le langage de requête intégré LINQ.

La seconde partie est consacrée à diverses classes de base permettant de manipuler certaines fonctionnalités du .NET Framework telles que les collections, les flux, les fichiers et répertoires, les *threads*, la sérialisation et l'introspection.

Remerciements

Je souhaite remercier les Éditions Pearson pour m'avoir permis de vivre l'aventure qu'a été la rédaction de cet ouvrage, ainsi que Nicolas Etienne et Jean-Philippe Moreux pour leur relecture.

Je tenais aussi à remercier Martine Tiphaine qui m'a mis en contact avec les Éditions Pearson.

Ressources

Le site **http://msdn.microsoft.com/fr-fr/library** est le site de référence pour accéder à la documentation officielle de C# et du .NET Framework.

Le site **http://social.msdn.microsoft.com/forums/fr-fr/categories** est un ensemble de forums consacrés aux développements des technologies Microsoft, auxquels je participe activement.

À propos de l'auteur

Expert reconnu par Microsoft, Gilles Tourreau s'est vu attribuer le label MVP C# (*Most Valuable Professional*) durant trois années consécutives (2008, 2009 et 2010).

Architecte .NET et formateur dans une société de services, il intervient pour des missions d'expertise sur différentes technologies .NET telles qu'ASP .NET, Windows Communication Foundation, Windows Workflow Foundation et Entity Framework ; il opère chez des clients importants dans de nombreux secteurs d'activité.

Gilles Tourreau est très actif dans la communauté Microsoft, en particulier sur les forums MSDN. Il publie également sur son blog personnel (**http://gilles.tourreau.fr**) des articles et billets concernant le .NET Framework.

1

Éléments du langage

Hello world !

```
using System;

public class MaClasse
{
    public static void Main(string[] args)
    {
        Console.WriteLine("Hello world !");
    }
}
```

Ce code affiche sur la console « Hello world !». La première ligne permet d'utiliser toutes les classes contenues dans l'espace de noms `System` du .NET Framework. La deuxième ligne permet de définir une classe contenant des variables et des méthodes.

Dans cet exemple, la classe `MaClasse` contient une méthode statique `Main()` qui représente le point d'entrée de toute application console .NET, c'est-à-dire que cette méthode sera appelée automatiquement lors du lancement du programme.

Les commentaires

```
// Un commentaire
```

```
/* Un commentaire sur
   plusieurs lignes */
```

```
/// <summary>
/// Commentaire pour documenter un identificateur
/// </summary>
```

Les commentaires sont des lignes de code qui sont ignorées par le compilateur et permettent de documenter votre code.

Les commentaires peuvent être :

- entourés d'un slash suivi d'un astérisque `/*` et d'un astérisque suivi d'un slash `*/`. Cela permet d'écrire un commentaire sur plusieurs lignes ;
- placés après un double slash `//` jusqu'à la fin de la ligne.

Les commentaires précédés par un triple slash sont des commentaires XML qui permettent de documenter des identificateurs tels qu'une classe ou une méthode. Le compilateur récupère ces commentaires et les place dans un document XML qu'il sera possible de traiter afin de générer une documentation dans un format particulier (HTML, par exemple).

Les identificateurs

Les identificateurs permettent d'associer un nom à une donnée. Ces noms doivent respecter certaines règles édictées par le langage.

- Tous les caractères alphanumériques Unicode UTF-16 sont autorisés (y compris les caractères accentués).
- Le souligné _ est le seul caractère non alphanumérique autorisé.
- Un identificateur doit commencer par une lettre ou le caractère souligné.
- Les identificateurs respectent la casse ; ainsi `mon_identificateur` est différent de `MON_IDENTIFICATEUR`.

Voici des exemples d'identificateurs :

```
identificateur        // Correct
IDENTificateur        // Correct
5Identificateurs      // Incorrect : commence par un
                      // chiffre
identificateur5       // Correct
_mon_identificateur   // Correct
mon_identificateur    // Correct
mon  identificateur   // Incorrect : contient un
                      // espace
*mon-identificateur   // Incorrect : contient des
                      // caractères incorrects
```

Les identificateurs ne doivent pas correspondre à certains mots-clés du langage C#, dont le Tableau 1.1 donne la liste.

Tableau 1.1 : Liste des noms d'identificateur non autorisés

abstract	bool	break	byte	casecatch
char	checked	class	const	continue
decimal	default	delegate	do	double
else	enum	event	explicit	extern
false	finally	fixed	float	for
foreach	goto	if	implicit	in
int	interface	internal	is	lock
long	namespace	new	null	object
operator	out	override	params	private
protected	public	readonly	ref	return
sbyte	sealed	short	sizeof	static
string	struct	switch	this	throw
true	try	typeof	uint	ulong
unchecked	unsafe	ushort	using	virtual
void	while			

Les variables

```
// Déclarer une variable
<type> <nomVariable>;
```

```
// Affecter une valeur à une variable
<nomVariable> = <uneValeur>;
```

Une variable est un emplacement mémoire contenant une donnée et nommé à l'aide d'un identificateur. Chaque variable doit être d'un type préalablement défini *qui ne peut changer au cours du temps.*

Pour créer une variable, il faut d'abord la déclarer. La déclaration consiste à définir le type et le nom de la variable.

```
int unEntier; // Déclaration d'une variable nommée
              // unEntier et de type int
```

On utilise l'opérateur d'affectation = pour affecter une valeur à une variable. Pour utiliser cet opérateur, il faut que le type de la partie gauche et le type de la partie droite de l'opérateur *soient les mêmes*.

```
int unEntier;
int autreEntier;
double unReel;
// Affectation de la valeur 10 à la variable unEntier
unEntier = 10;

// Affectation de la valeur de la variable unEntier
// dans autreEntier
autreEntier = unEntier

// Erreur de compilation : les types ne sont pas
// identiques des deux côtés de l'opérateur =
autreEntier = unReel
```

L'identificateur d'une variable doit être unique dans une portée d'accolades ouvrante { et fermante }.

```
{
  int entier1;        // Correct
  ...
  int entier1;        // Incorrect
  {
     int entier1;     // Incorrect
  }
}
```

Déclarer une variable avec *var* (C# 3.0)

```
// Déclarer une variable avec var
var <nomVariable> = <valeur>;
```

Le mot-clé var permet de déclarer une variable typée. Le type est déterminé automatiquement par le compilateur grâce au type de la valeur qui lui est affecté. L'affectation doit forcément avoir lieu au moment de la déclaration de la variable :

```
var monEntier = 10;
```

Étant donné que cette variable est typée, le compilateur vérifie si l'utilisation de cette dernière est correcte. L'exemple suivant illustre cette vérification.

```
var monEntier = 10;

monEntier = 1664;   // Correct
monEntier = 'c';    // Erreur de compilation car
                    // monEntier est de type int
```

Attention

Évitez d'utiliser le mot-clé var **car cela rend le code plus difficile à comprendre ; il est en effet plus difficile de connaître immédiatement le type d'une variable.**

Les types primitifs

Le langage C# inclut des types primitifs qui permettent de représenter des données informatiques de base (c'est-à-dire les nombres et les caractères). Le programmeur devra utiliser ces types de base afin de créer de nouveaux types plus complexes à l'aide des classes ou des structures.

Les types primitifs offerts par C# sont listés au Tableau 1.2.

Tableau 1.2 : Les types primitifs de C#

Type	Portée	Description
`bool`	`true` or `false`	Booléen 8 bits
`sbyte`	–128 à 127	Entier 8 bits signé
`byte`	0 à 255	Entier 8 bits non signé
`char`	U+0000 à U+ffff	Caractère Unicode 16 bits
`short`	–32 768 à 32 767	Entier 16 bits signé
`ushort`	0 à 65 535	Entier 16 bits non signé
`int`	-2^{31} à $2^{31}-1$	Entier 32 bits signé
`uint`	0 à $2^{32}-1$	Entier 32 bits non signé
`float`	$\pm1{,}5e^{-45}$ à $\pm3{,}4e^{38}$	Réel 32 bits signé (virgule flottante)
`long`	-2^{63} à $2^{63}-1$	Entier 64 bits signé
`ulong`	0 à $2^{64}-1$	Entier 64 bits signé
`double`	$\pm5{,}0e^{-324}$ à $\pm1{,}7e^{308}$	Réel 64 bits signé (virgule flottante)
`decimal`	$\pm1{,}0e^{-28}$ à $\pm7{,}9e^{28}$	Réel 128 bits signé (grande précision)

Le choix d'un type de variable dépend de la valeur qui sera contenue dans celle-ci. Il faut éviter d'utiliser des types occupant beaucoup de place mémoire pour représenter des données dont les valeurs sont très petites. Par exemple, si l'on veut créer une variable stockant l'âge d'un être humain, une variable de type `byte` suffit amplement.

Les constantes

```
// Déclarer une constante nommée
const <type> <nomConstante> = <valeur>
```

```
'A'             // Lettre majuscule A
'a'             // Lettre minuscule a
10              // Entier 10
0x0A            // Entier 10 (exprimé en hexadécimale)
10U             // Entier 10 de type uint
10L             // Entier 10 de type long
10UL            // Entier 10 de type ulong
30.51           // Réel 30.51 de type double
3.51e1          // Réel 30.51 de type double
30.51F          // Réel 30.51 de type float
30.51M          // Réel 30.51 de type decimal
```

En C#, il existe deux catégories de constantes : les constantes non nommées qui possèdent un type et une valeur et les constantes nommées qui possèdent en plus un identificateur.

Lors de l'affectation d'une constante à une variable, le type de la constante et celui de la variable doivent correspondre.

```
long entier;
entier = 10L;        // Correct : la constante est
                     // de type long
entier = 30.51M ;    // Incorrect : la constante est
                     // de type decimal
```

Une constante nommée se déclare presque comme une variable, excepté qu'il faut obligatoirement l'initialiser avec une valeur au moment de sa déclaration. Une fois déclarée, il n'est plus possible de modifier la valeur d'une constante.

```
const double pi = 3.14159;
const double constante;     // Incorrect : doit être
                            // initialisé
double périmètre;
périmètre = pi * 20;
pi = 9.2;                    // Incorrect : il est
                             // impossible de changer
                             // la valeur d'une constante
```

Les tests et conditions

```
if (<condition>)
{
   // Code exécuté si condition est vrai
}
[else if (<autreCondition>)
{
   // Code exécuté si autreCondition est vraie
}]
[else
{
   // Code exécuté si condition et autreCondition
   // sont fausses
}]
```

```
<résultat> = <test> ? <valeur si vrai> :
                      ➥<valeur si faux>
```

```
switch (<uneValeur>)
{
   case <val1>:
      // Code exécuté si uneValeur est égale à val1
      break;

   case <val2>:
```

```
    case <val3>:
        // Code exécuté si uneValeur est égale à
        // val2 ou val3
        break;

    [default:
        // Code exécuté si uneValeur est différente
        // de val1, val2 et val3
        break;]
}
```

L'instruction `if` permet d'exécuter des instructions uniquement si la condition qui la suit est vraie. Si la condition est fausse alors, les instructions contenues dans le bloc `else` sont exécutées. Le bloc `else` est facultatif ; en l'absence d'un tel bloc, si la condition spécifiée dans le `if` est fausse, aucune instruction ne sera exécutée.

La condition contenue dans le `if` doit être de type booléen.

L'exemple suivant affiche des messages différents en fonction d'un âge contenu dans une variable de type `int`.

```
if (âge <= 50)
{
    Console.WriteLine("Vous êtes jeune !");
}
else
{
    Console.WriteLine("Vous êtes vieux ;-) !");
}
```

Il existe une variante condensée du `if` qui utilise les symboles (?) et (:). Elle permet en une seule ligne de retourner un résultat en fonction d'une condition. L'exemple qui suit illustre cette variante en retournant `false` si la valeur contenue dans `âge` est inférieure à 50 ou `true` dans le cas contraire.

```
bool vieux;
vieux = âge <= 50 ? false : true;
```

L'instruction `switch` permet de tester une valeur spécifiée par rapport à d'autres valeurs. Si l'une des valeurs correspond à la valeur testée, alors le code associé est automatiquement exécuté. Si aucune valeur ne correspond à la valeur testée, alors le code associé à clause `default` (si elle existe) sera exécuté.

Attention

Veillez à ne pas oublier l'instruction `break` entre chaque `case`, sinon les instructions associées aux valeurs suivantes seront exécutées.

Le `switch` ne peut être utilisé qu'avec les types entiers, `char`, `bool` ainsi que les énumérations et les chaînes de caractères.

L'exemple suivant affiche des messages différents en fonction du sexe d'une personne contenu dans une variable de type `char`.

```
switch (sexe)
{
   case 'M':
      Console.WriteLine("Vous êtes un homme !");
      break;

   case 'F':
      Console.WriteLine("Vous êtes une femme !");
      break;

   default:
      Console.WriteLine("Vous êtes un extraterrestre
       ➥ !");
      break;
}
```

Les boucles

```
while (<condition>)
{
   // Corps de la boucle
}
```

```
do
{
   // Corps de la boucle
}
while (<condition>);
```

```
for(<initialisation>; <condition arrêt>;
➥ <incrémentation>)
{
   // Corps de la boucle
}
```

```
// Sortir de la boucle
break;

// Continuer à l'itération suivante
continue;
```

Les boucles permettent d'exécuter du code de manière répétitive (des itérations) tant que la `condition` associée est vraie. Le corps de la boucle est donc exécuté tant que la condition est vraie.

La boucle `while` permet de tester la condition avant d'entrer dans la boucle. Si la condition est fausse avant d'entrer dans la boucle, aucune itération ne sera exécutée.

L'exemple suivant illustre l'utilisation d'une boucle `while` afin d'afficher sur la console les chiffres allant de 1 à 5.

```
int i;

i = 1;
while (i <= 5)
{
   Console.WriteLine(i);
   i = i + 1;
}
```

La boucle `do…while` permet d'exécuter au moins une fois une itération de la boucle.

L'exemple suivant illustre l'utilisation d'une boucle `do…while` qui ne réalise qu'une seule itération car la condition de la boucle est fausse.

```
int i;

i = 5;
do
{
   Console.WriteLine("Bonjour !");
}
while (i < 5);
```

La boucle `for` est l'équivalent de la boucle `while`, mais elle permet de spécifier plusieurs instructions qui seront exécutées à l'initialisation et à l'itération de la boucle (le plus souvent une initialisation et une incrémentation d'une variable). Le code suivant illustre l'équivalent de la boucle `for` en utilisant la boucle `while`.

```
<initialisation>;
while (<condition>)
{
   // Corps de la boucle
   <incrémentation>;
}
```

L'exemple suivant illustre l'utilisation d'une boucle `for` affichant sur la console les chiffres allant de 1 à 5.

```
for(int i = 1; i <= 5; i++)
{
   Console.WriteLine(i);
}
```

L'instruction `break` permet de quitter la boucle à tout moment (l'instruction d'incrémentation n'est pas exécutée dans le cas d'une boucle `for`).

L'instruction `continue` permet de passer directement à l'itération suivante (la condition est vérifiée avant). Dans le cas d'une boucle `for`, l'instruction d'incrémentation est exécutée avant la vérification de la condition.

L'exemple suivant illustre l'utilisation d'une boucle `for` devant réaliser mille itérations. L'instruction `continue` permet d'empêcher l'affichage du message « Ne sera pas affiché ! » sur chaque itération. La boucle est arrêtée au bout de dix itérations en utilisant l'instruction `break`.

```
for(int i = 1; i <= 1000; i++)
{
   Console.WriteLine("J'itère !");

   // Arrêter la boucle au bout de 10 itérations
   if (i == 10)
   {
      break;
   }

   // Passer à l'itération suivante
   continue;

   Console.WriteLine("Ne sera pas affiché !");
}
```

Les tableaux unidimensionnels

```
// Déclarer un tableau à une dimension
<type>[] <nomTableau>;

// Créer un tableau avec une taille spécifiée
<nomTableau> = new <type>[<taille>];

// Créer un tableau avec les valeurs spécifiées
<nomTableau> = new <type>[] { [valeur1][, valeur2]
  ➥[, ...] };
```

```
// Affecter une valeur à l'indice spécifié
<nomTableau>[<indice>] = <valeur>;

// Obtenir la valeur à l'indice spécifié
<valeur> = <nomTableau>[<indice>];
```

```
// Obtenir la taille du tableau
<taille> = <nomTableau>.Length;
```

Les tableaux sont des variables contenant plusieurs valeurs (ou cases) de même type. Il est possible d'accéder ou de modifier la valeur d'une case d'un tableau grâce à l'opérateur `[]` et en spécifiant un *indice*.

Un indice est un entier compris entre 0 et la taille du tableau –1 et il représente le numéro de la case du tableau à accéder où à modifier.

Un tableau a toujours une taille fixe. Il n'est donc plus possible de le redimensionner ! Cette taille peut être récupérée à l'aide de la propriété `Length`.

L'exemple suivant montre comment calculer la moyenne d'une série de notes d'examen contenue dans un tableau :

```
int[] notes = new int[] { 10, 5, 20, 15, 18 };
int total = 0;

for(int i=0; i<notes.Length; i++)
{
   total = total + notes[i];
}

Console.WriteLine("Moyenne : " + total / notes.Length);
```

Les tableaux multidimensionnels

```
// Déclarer un tableau à deux dimensions
<type>[,] <nomTableau>;

//Créer un tableau à deux dimensions
<nomTableau> = new <type>[<tailleDim1>][<tailleDim2>];

// Créer un tableau avec les valeurs spécifiées
<nomTableau> = new <type>[,]
{
   {<valeur0_0>,<valeur0_1>},
   {<valeur1_0>,<valeur1_1>}
};
```

```
// Affecter une valeur aux indices spécifiés
nomTableau[indice1, indice2] = valeur;

// Obtenir la valeur aux indices spécifiés
valeur = nomTableau[indice1, indice2];
```

```
// Obtenir le nombre total de cases du tableau
<taille = <nomTableau>.Length;

// Obtenir le nombre d'éléments dans une dimension
<taille = <nomTableau>.GetLength(<numDimension>);
```

Il est possible de créer et d'utiliser des tableaux à plusieurs dimensions (accessible *via* plusieurs indices).

Comme pour les tableaux unidimensionnels, les valeurs contenues dans ces tableaux sont accessibles à l'aide de plusieurs indices dont les valeurs sont comprises entre 0 et la taille d'une dimension –1 du tableau.

Dans les tableaux multidimensionnels, la propriété `Length` retourne le nombre total de cases du tableau. Il faut utiliser la méthode `GetLength()` pour récupérer la taille d'une dimension particulière d'un tableau multidimensionnel.

L'exemple suivant illustre l'utilisation d'un tableau à deux dimensions pour réaliser la somme de deux matrices de taille 2 × 3.

```
int[,] matrice1 = new int[,] { { 10, 4, 1 }, { 3, 7, 9 } };
int[,] matrice2 = new int[,] { { 1, 5, 7 }, { 4, 8, 0 } };
int[,] resultat = new int[2, 3];

for (int i = 0; i < matrice1.GetLength(0); i++)
{
    for (int j = 0; j < matrice1.GetLength(1); j++)
    {
        resultat[i, j] = matrice1[i, j] + matrice2[i, j];
    }
}
```

Les tableaux en escalier (ou tableaux de tableaux)

```
// Déclarer un «tableau de tableaux»
<type>[][] <nomTableau>;

// Créer un tableau de tableaux
<nomTableau> = new <type>[<taille>][];

// Créer un tableau imbriqué à la case spécifiée
<nomTableau>[<indice>] = new <type>[<taille>];
```

```
// Affecter une valeur aux indices spécifiés
<nomTableau>[<indice1>][<indice2>] = <valeur>;

// Obtenir la valeur aux indices spécifiés
<valeur> = <nomTableau>[<indice1>][<indice2>];
```

Comme son nom l'indique, les tableaux en escalier sont des tableaux contenant des tableaux (qui peuvent contenir à leur tour des tableaux, et ainsi de suite).

Contrairement aux tableaux multidimensionnels, les tableaux en escalier peuvent avoir des dimensions de taille variable. Par exemple, il est possible de créer un tableau de deux tableaux d'entiers de tailles 4 et 10.

Les tableaux inclus dans un tableau en escalier doivent être créés explicitement. L'exemple suivant montre comment créer un tableau en escalier contenant dix tableaux. Ces dix tableaux sont de la taille de l'indice du tableau en escalier +1.

```
int[][] tableau = new int[10][];

// Pour chaque case du tableau en escalier, crée un
// tableau de taille i + 1
for (int i = 0; i < 10; i++)
{
    tableau[i] = new int[i + 1];
}
```

Les tableaux en escalier ayant des dimensions variables, il n'existe aucune propriété ou méthode permettant de connaître le nombre de cases d'un tel tableau. Le code suivant montre comment calculer le nombre de cases d'un tableau en escalier à deux dimensions.

```
int nombreCase;

for (int i = 0; i < tableau.Length; i++)
{
    nombreCase = nombreCase + tableau[i].Length;
}

Console.WriteLine(nombreCase);
// Affichage du nombre de cases
```

Les opérateurs arithmétiques

```
c = a + b;  // Addition
c = a - b;  // Soustraction
c = a * b;  // Multiplication
c = a / b;  // Division
c = a % b;  // Modulo (reste de la div. euclidienne)
```

```
a += b;     // a = a + b;
a -= b;     // a = a - b;
a *= b;     // a = a * b;
a /= b;     // a = a / b;
```

```
a++;        // Post-incrémentation
++a;        // Pré-incrémentation
a--;        // Post-décrémentation
--a;        // Pré-décrémentation
```

Les opérateurs arithmétiques permettent de réaliser des opérations mathématiques de base :

- addition,
- soustraction,
- multiplication,
- division,
- modulo (reste de la division euclidienne).

L'opérateur de post-incrémentation représente la valeur de l'opérande avant son incrémentation. Tandis que l'opérateur de pré-incrémentation représente la valeur de l'opérande après son incrémentation.

Voici un exemple qui illustre l'utilisation de certains de ces opérateurs :

```
int a;

a = 5;
a *= 10; // a = 5 * 10;
a = a % 40;         // a = 10 car le reste de 50/40 est 10

Console.WriteLine(a++);     // Affiche 10;
// Après l'affichage, a = 11

Console.WriteLine(++a);     // Affiche 12;
```

Les opérateurs logiques

```
c = a == b;  // Test l'égalité
c = a != b;  // Test l'inégalité
```

```
c = a < b;   // Retourne true si a inférieur à b;
c = a <= b;  // Retourne true si a inf. ou égal à b
c = a > b;   // Retourne true si a supérieur à b
c = a >= b;  // Retourne true si a sup. ou égal à b
```

```
a && b;      // Retourne true si a et b sont à true
a || b;      // Retourne true si a ou b sont à true
!a           // Retourne l'inverse de a
```

Les opérateurs logiques retournent tous des booléens (soit `true`, soit `false`). Ils sont très utilisés dans les conditions `if` et les conditions des boucles. Ils peuvent être combinés grâce aux opérateurs ET (&&) et OU (||).

L'opérande qui se trouve à droite de l'opérateur ET (&&) n'est pas évalué dans le cas où l'opérande de gauche est faux.

L'opérande qui se trouve à droite de l'opérateur OU (||) n'est pas évalué dans le cas où l'opérande de gauche est vrai.

Les conditions ET (&&) sont prioritaires par rapport aux conditions OU (||). Utilisez les parenthèses si nécessaire pour changer l'ordre de traitement des conditions.

```
int a = 16;
int b = 64;
int c = 51;
if (a > b && (c != b || a == b))
{
  Console.WriteLine("a est supérieur à b ET");
  Console.WriteLien("c différent de b ou a égal à b");
}
```

Dans l'exemple précédent, on a utilisé des parenthèses afin que l'expression `c != b` ne soit pas traitée avec l'opérateur && mais avec l'opérateur ||.

L'opérande de droite de l'opérateur && ne sera jamais testé, car l'opérande de gauche est déjà faux. L'expression étant fausse, aucun message ne sera affiché sur la console.

Les opérateurs binaires

```
c = a & b;    // ET binaire
c = a | b;    // OU binaire
c = ~a;       // NON binaire
c = a ^ b;    // XOR binaire (OU exclusif)
```

```
a &= b;       // a = a & b;
a |= b;       // a = a | b;
a ^= b;       // a = a ^ b;
```

```
c = a << b;   // Décale a de b bits vers la gauche
c = a >> b;   // Décale a de b bits vers la droite
```

Les opérateurs binaires agissent sur les bits des types primitifs `int`, `uint`, `long` et `ulong`. Il est possible d'utiliser ces opérateurs pour d'autres types primitifs mais la valeur retournée sera un `int`. Utilisez l'opérateur *cast* si nécessaire (voir page 99).

L'exemple suivant illustre l'utilisation des divers opérateurs binaires.

```
short a, b, c;
a = 3;   // 0000 0011
b = 13;  // 0000 1101

c = (byte)(a & b); // = 1   (0000 0001)
c = (byte)(a | b); // = 15  (0000 1111)
c = (byte)~a;      // = 252 (1111 1100)
c = (byte)(a ^ b); // = 14  (0000 1110)

c = (byte)b << 2;  // = 52  (0011 0100)
c = (byte)b >> 2;  // = 3   (0000 0011)
```

2

Les classes

Concept de base de la programmation orientée objet, les classes permettent de décrire les attributs et les opérations qui sont associés à un objet. Par l'exemple, l'objet `Personne` peut contenir :

- `Nom`, `Prénom`, `Age` et `Sexe` comme attributs,
- `Marcher()`, `Manger()`, `Courir()`, `PasserLaTondeuse()` comme opérations.

Une classe peut être vue comme un « moule » permettant de fabriquer des « instances » d'un objet. Par exemple, les personnes « Gilles » et « Claude » sont des instances de la classe `Personne` précédemment décrite.

Les attributs et les opérations d'une classe sont des « membres » d'une classe. Ces membres ont des niveaux de visibilité permettant d'être accessibles ou non depuis d'autres classes.

Déclarer et instancier des classes

```
<visibilité> <nom classe>
{
    // Membres d'une classe
}
```

```
// Déclarer une variable du type de la classe
<nom classe> <variable>;

// Créer une instance
<variable> = new <nom classe>();

// Faire référence au même objet
<autre variable> = <variable>;

// Faire référence à aucun objet
<variable> = null;
```

L'exemple suivant illustre la déclaration d'une classe Personne ne contenant aucun membre.

```
class Personne
{
}
```

Voici un exemple illustrant la création de deux instances de la classe Personne.

```
Personne gilles;
Personne claude;

gilles = new Personne();
claude = new Personne();
```

Il est important de noter que les variables de type d'une classe ne contiennent pas réellement l'objet mais une *référence* vers un objet. Il est donc possible de déclarer deux variables de type `Personne` faisant référence au même objet `Personne`. L'opérateur d'affectation ne réalise en aucun cas des copies d'objets.

```
Personne gilles;
Personne gilles_bis;

gilles = new Personne();
gilles_bis = gilles;
```

Dans l'exemple précédent `gilles` et `gilles_bis` font référence au même objet instancié.

Pour indiquer qu'une variable ne fait référence à aucun objet, il faut affecter la valeur `null`. Dans l'exemple suivant, la variable `gilles` ne référence aucun objet.

```
gilles = null;
```

Gérer les noms de classe à l'aide des espaces de noms

```
// Utiliser un espace de noms
using <espace de noms>;
```

```
// Déclarer un espace de noms
namespace <espace de noms>
{
    // Déclaration des classes contenues
    // dans l'espace de noms
}
```

Pour éviter d'éventuels conflits entre noms de classe, les classes peuvent être déclarées à l'intérieur d'un « espace de noms » (`namespace`).

Un espace de noms peut être vu comme un « répertoire logique » contenant des classes. Comme pour les fichiers, les classes doivent avoir un nom unique dans un espace de noms donné.

Les espaces de noms peuvent être composés de plusieurs mots séparés par un point.

L'exemple suivant illustre la déclaration d'une classe `Personne` et `Maison` dans le même espace de noms. Une autre classe `Personne` est ensuite déclarée dans un autre espace de noms.

```
namespace Exemple.EspaceNom1
{
    class Personne
    {
    }

    class Maison
    {
    }
}

namespace Exemple.EspaceNom2
{
    class Personne
    {
    }
}
```

Si une classe est déclarée dans un espace de noms, il est alors nécessaire d'écrire son espace de noms en entier lors de l'utilisation de la classe.

```
Exemple.EspaceNom1.Personne gilles;
gilles = new Exemple.EspaceNom1.Personne();
```

Pour éviter d'écrire à chaque fois l'espace de noms en entier lors de l'utilisation d'une classe, on peut utiliser le mot-clé `using` au début du fichier, suivi de l'espace de noms.

```
// Utiliser l'espace de noms Exemple.EspaceNom1
using Exemple.EspaceNom1.Personne;
...
...
Personne gilles;
gilles = new Personne();
```

Attention

Si vous utilisez le mot-clé `using` pour utiliser deux espaces de noms différents contenant chacun une classe de même nom, le compilateur ne pouvant pas choisir la classe à utiliser, il vous faudra spécifier explicitement l'espace de noms complet de la classe à utiliser lors de l'utilisation de cette dernière.

Déclarer et utiliser des champs

```
// Déclarer un champ
<visibilité> <type> <nom>;
```

```
// Affecter une valeur à un champ
<instance>.<nom> = <valeur>;

// Obtenir la valeur d'un champ
<valeur> = <instance>.<nom>;
```

Les champs d'une classe sont des variables représentant les attributs d'un objet, par exemple l'âge d'une personne. Comme pour les variables, les champs ont un identificateur et un type.

L'exemple suivant illustre la déclaration de la classe `Personne` constitué de trois champs.

```
class Personne
{
    public int age;
    public bool sexe; // On suppose que true = Homme
    public Maison maison; // Référence à une maison
}
```

Il est important de noter que comme expliqué précédemment, le champ `maison` est une variable faisant référence à une instance de la classe `Maison`. La classe `Personne` ne contient en aucun cas un objet « emboîté » `Maison`.

L'accès aux champs d'une classe se fait en utilisant la notation pointée. L'exemple suivant illustre la création d'une personne en spécifiant ses attributs, puis affiche l'âge et le code postal où habite cette personne. Dans cet exemple, nous supposons que la classe `Maison` contient un champ `codePostal` de type entier.

```
Personne gilles;
Maison maison;

gilles = new Personne();
maison = new Maison();
maison.CodePostal = 75001;

gilles.age = 26;
gilles.sexe = true;
gilles.maison = maison;

Console.WriteLine("L'age de Gilles est : " + gilles.age);
Console.WriteLine("Il habite : " + gilles.maison.codePostal);
```

Déclarer et appeler des méthodes

```
// Déclarer une méthode retournant une valeur
<visibilité> <type retour> <nom>([paramètre1[, ...]])
{
    // Code
    return <valeur>;
}

// Déclarer une méthode sans valeur de retour
<visibilité> void <nom>([paramètre1[, ...]])
{
    // Code
}
```

```
// Déclarer un paramètre d'une méthode :
<type paramètre> <nom du paramètre>
```

```
// Appeler une méthode sans valeur de retour
<instance>.<nom>([valeur paramètre,[...]]);

// Appeler une méthode avec une valeur de retour
<valeur> = <instance>.<nom>([valeur paramètre,[...]]);
```

Les méthodes d'une classe représentent les opérations (ou les actions) que l'on peut effectuer sur un objet instance de cette classe. Les méthodes prennent facultativement des paramètres et peuvent retourner si nécessaire une valeur.

L'exemple suivant illustre les méthodes `Marcher()` et `Courir()` contenues dans l'objet `Personne` permettant d'augmenter le compteur du nombre de mètres parcourus par la personne.

```
class Personne
{
   public int compteur;
   public void Marcher()
```

```
    {
        compteur++;
    }

    public void Courir(int nbMetres)
    {
        compteur += nbMetres;
    }
}
```

Voici maintenant un exemple qui utilise ces deux méthodes.

```
Personne gilles;

gilles = new Personne();
gilles.Marcher();
gilles.Courir(10);

Console.WriteLine("Gilles a parcouru : ");
Console.WriteLine(gilles.Compteur + " mètres");
```

Déclarer des classes et membres statiques

```
// Déclarer une classe statique
<visibilité> static class <nom classe>
{
    // Membres statiques uniquement
}
```

```
// Déclarer un membre statique
<visibilité> static <membre>
```

```
// Utiliser un membre statique
<nom classe>.<membre>
```

Les membres statiques sont des membres qui sont accessibles sans instancier une classe. Ils sont donc communs à toutes les instances des classes et accessibles en utilisant directement le nom de la classe (et non une instance). Pour déclarer un membre statique, on utilise le mot-clé `static`.

Les classes statiques sont des classes contenant uniquement des membres statiques et ne sont pas instanciables. Ces classes contiennent le plus souvent des fonctionnalités « utilitaires » ne nécessitant aucune approche objet.

L'exemple suivant illustre l'utilisation d'un champ statique dans la classe `Personne` permettant de comptabiliser le nombre d'appels à la méthode `Marcher()`.

```
class Personne
{
    public static int compteurMarcher;

    public void Marcher()
    {
        compteurMarcher++;
    }
}
```

Voici un exemple qui utilise la classe créée précédemment.

```
static void Main(string[] args)
{
    Personne gilles;
    Personne claude;

    gilles = new Personne();
    claude = new Personne();

    gilles.Marcher();
    claude.Marcher();

    Console.WriteLine(Personne.compteurMarcher);
}
```

L'exemple précédent affichera sur la console le résultat « 2 ».

Accéder à l'instance courante avec *this*

```
this.<membre>
```

Le mot-clé `this` représente l'instance courante d'une classe (il ne s'utilise pas dans les classes statiques). Il permet d'accéder aux membres de la classe de l'instance courante. Ce mot-clé n'est pas obligatoire lorsque vous utilisez des membres de la classe courante mais il permet de résoudre les conflits entre les paramètres d'une méthode et les champs contenus dans une classe.

Astuce

Même si le mot-clé `this` n'est pas obligatoire dans certains cas, il est recommandé de l'utiliser explicitement afin que d'autres développeurs puissent comprendre instantanément si l'identificateur que vous utilisez est un paramètre de la méthode ou un champ de la classe.

L'exemple suivant illustre l'utilisation du mot-clé `this` afin que le compilateur puisse faire la différence entre le champ `nom` de la classe Personne et le paramètre `nom` de la méthode `SetNom()`.

```
class Personne
{
    string nom;

    void SetNom(string nom)
    {
        // Ici le mot-clé this est obligatoire
        this.nom = nom;
    }
}
```

Définir les niveaux de visibilité des membres

```
class <nom classe>
{
    private <membre privé>
    protected <membre protégé>
    internal <membre interne>
    protected internal <membre protégé et interne>
    public <membre privé>
}
```

Les niveaux de visibilités précèdent toujours la déclaration d'un membre d'une classe. Ils permettent de définir si un membre d'une classe est visible ou non par une autre classe. Le Tableau 2.1 présente ces niveaux de visibilité et leurs implications.

Tableau 2.1 : Niveaux de visibilité des membres

Mot-clé	Description
`private`	Le membre est visible uniquement dans la classe elle-même.
`protected`	Le membre est visible dans la classe elle-même et ses classes dérivées.
`protected internal`	Le membre est visible dans la classe elle-même, ses classes dérivées et toutes les classes incluses dans le même *assembly* (voir la section « Récupérer la description d'un *assembly* » au Chapitre 13).
`internal`	Le membre est visible dans la classe elle-même, et toutes les classes incluses dans le même *assembly*.
`public`	Le membre est visible par toutes les classes.

Par défaut, si aucun niveau de visibilité n'est défini, les membres sont `private`.

Une bonne pratique en programmation orientée objet est de définir tous les champs en privé, et de créer des méthodes ou des propriétés permettant de récupérer ou de modifier les valeurs de ces champs.

Déclarer et appeler des constructeurs

```
<visibilité> <nom classe>([paramètres])
{
   // Code du constructeur
}
```

```
// Appel du constructeur durant l'instanciation
<nom classe> <instance>;
<instance> = new <nom classe>([paramètres]);
```

Les constructeurs sont des méthodes particulières appelées au moment de la construction d'un objet. Ils permettent le plus souvent d'initialiser les champs d'une instance d'un objet lors de son instanciation.

Le nom d'un constructeur est celui de la classe où il est déclaré et il ne retourne aucune valeur. Si aucun constructeur n'est déclaré, le compilateur ajoute un constructeur par défaut avec un niveau de visibilité défini à `public` et qui ne contient aucun paramètre.

L'exemple suivant illustre une classe `Personne` contenant un constructeur prenant en paramètre l'âge et le sexe de la personne à créer.

```
class Personne
{
   private int age ;
   private bool sexe;
```

```
    public Personne(int a, bool s)
    {
        this.age = a;
        this.sexe = s;
    }
}
```

Le code suivant montre comment utiliser le constructeur déclaré à l'exemple précédent.

```
Personne gilles;
gilles = new Personne(26, true);
```

Astuce

Les constructeurs offrent un moyen pour «forcer» les utilisateurs de votre classe à initialiser les champs de cette dernière.

Déclarer un champ en lecture seule

```
// Déclarer un champ en lecture seule
<visibilité> readonly <type> <nom>;
```

Les champs peuvent être déclarés en lecture seule. La valeur de ce champ est initialisée dans le constructeur de la classe qui le contient. Une fois initialisé, il est impossible de changer la valeur d'un tel champ. La déclaration d'un champ en lecture seule se fait en utilisant le mot-clé `readonly`.

Astuce

Utilisez les champs en lecture seule afin de vous assurer qu'à la compilation, aucune ligne de code ne tentera de modifier la valeur associée.

L'exemple suivant illustre la déclaration et l'utilisation d'un champ en lecture seule nommé sexe.

```
class Personne
{
   private readonly bool sexe;

   public Personne(bool s)
   {
      this.sexe = s;
   }
   public bool GetSexe()
   {
      return this.sexe; // Correct
   }

   public void ModifierSexe(bool nouvelleValeur)
   {
      this.sexe = nouvelleValeur;
      // Erreur de compilation
   }
}
```

Déclarer et utiliser des propriétés

```
<visibilité> <type> <nom propriété>
{
    [<visibilité du get>] get
    {
        // Retourner la valeur de la propriété
        return valeur;
    }

    [<visibilité du set>] set
    {
        // Modifier la valeur de la propriété
        valeur = value;
    }
}
```

```
// Récupérer la valeur d'une propriété
<valeur> = <instance>.<nom propriété>;

// Définir la valeur de la propriété
<instance>.<nom propriété> = <valeur>;
```

Les propriétés permettent de définir des opérations sur la récupération ou la modification d'une valeur portant sur une classe. Le plus souvent, les propriétés définissent des opérations de récupération/modification sur un champ de la classe associée.

En programmation orientée objet, on s'interdit d'accéder directement aux champs d'une classe depuis d'autres classes. En effet, les programmeurs utilisateurs de la classe n'ont pas à connaître (et à contrôler) sa structure interne. Les propriétés permettent d'offrir un moyen d'accéder publiquement à vos champs. Ainsi, si la structure interne de la classe change (c'est-à-dire les champs contenus dans la classe), il suffit alors de modifier le contenu des propriétés. Le code qui utilise les propriétés ne sera donc pas impacté.

Il est possible de créer des propriétés permettant de récupérer uniquement une valeur (lecture seule) ; pour cela, il suffit de ne pas déclarer l'accesseur `set` associé à la propriété. Il en est de même pour les propriétés permettant de modifier uniquement une valeur ; il suffit dans ce cas de supprimer l'accesseur `get`.

Le mot-clé `value` s'utilise uniquement dans l'accesseur `set` d'une propriété. Il contient la valeur affectée à la propriété.

```
// Dans le bloc set de Propriété,
// value aura comme valeur 1664
instance.propriété = 1664;
```

`value` est du même type que la propriété associée.

Les accesseurs `get` et `set` ont un niveau de visibilité égal à celle de la propriété. Il est possible de spécifier des niveaux de visibilité différents pour l'un des accesseurs. Par exemple, une propriété `Age` avec un niveau de visibilité `public` peut contenir un accesseur `set` avec un niveau de visibilité `private`. La propriété `get` quand à elle sera automatiquement du même niveau de visibilité que la propriété (c'est-à-dire `public`).

Le niveau de visibilité spécifique aux accesseurs doit être plus restreint que le niveau de visibilité de la propriété. Par exemple, il n'est pas possible de spécifier une propriété ayant un niveau de visibilité `protected` avec un accesseur `get` ayant un niveau de visibilité `public`.

L'exemple suivant montre une classe `Personne` contenant une propriété permettant de modifier et de récupérer l'âge d'une personne. Une deuxième propriété en lecture seule est ajoutée afin de récupérer uniquement le sexe d'une personne. Et enfin, une troisième propriété `EstUnEcrivain` est ajoutée afin de savoir si la personne est un écrivain. L'accesseur `set` de cette dernière propriété est `private` afin qu'elle ne puisse être modifiée qu'à l'intérieur de la classe.

```
class Personne
{
   private int age;
   private bool sexe;
   private bool estUnEcrivain;

   public Personne(int a, bool s, bool ecrivain)
   {
      this.age = a;
      this.sexe = s;
   // Appel de la propriété
   this.EstUnEcrivain = ecrivain;
  }
```

```
    public bool Sexe
    {
        get { return this.sexe; }
    }

    public int Age
    {
        get { return this.age; }
        set { this.age = value; }
    }

    public int EstUnEcrivain
    {
        get { return this.estUnEcrivain; }
        private set { this.estUnEcrivain = value; }
    }
}
```

Le code suivant illustre l'utilisation des propriétés précédemment déclarées.

```
Personne gilles;
gilles = new Personne(26, true, true);
gilles.Age = gilles.Age + 1; // Vieillir la personne

if (gilles.Sexe == true)
{
    Console.WriteLine("Vous êtes un homme.");
}

if (gilles.EstUnEcrivain == true)
{
    Console.WriteLine("Vous êtes un écrivain.");
}
```

Implémenter automatiquement des propriétés (C# 3.0)

```
<visibilité> <type> <nom propriété>
{
    [<visibilité du get>] get;
    [<visibilité du set>] set;
}
```

Depuis la version 3.0 de C#, il est possible d'implémenter automatiquement une propriété. Il suffit pour cela de ne pas mettre de code dans les accesseurs `get` et `set`. À la compilation, un champ privé sera automatiquement généré et utilisé pour implémenter les blocs `get` et `set` de la propriété, comme le montre l'exemple qui suit.

```
private <type> <champ généré>;

<visibilité> <type> <nom propriété>
{
    [<visibilité du get>] get { return this.<champ
      ➥ généré>; }
    [<visibilité du set>] set { this.<champ généré>
      ➥ = value; }
}
```

Le champ privé automatiquement généré n'est pas accessible par programmation. Il sera donc nécessaire d'utiliser la propriété à l'intérieur de la classe pour pouvoir récupérer ou affecter sa valeur.

Les accesseurs `get` et `set` doivent être tous deux implémentés automatiquement ou manuellement. Il n'est pas possible d'en implémenter un automatiquement et l'autre manuellement.

Info

Les propriétés implémentées automatiquement permettent d'écrire du code beaucoup plus rapidement. En revanche, elles ne permettent pas d'exécuter du code personnalisé. Par exemple, il est impossible de contrôler la valeur affectée à une propriété dans le bloc `set`. N'hésitez donc pas, dans ce cas, à implémenter votre propriété manuellement.

L'exemple suivant illustre la déclaration d'une classe `Personne` contenant une propriété `Age` implémentée automatiquement.

```
class Personne
{
   public Personne(int a)
   {
      this.Age = a;
   }

   public int Age
   {
      get;
      set;
   }
}
```

Le code suivant illustre l'utilisation de la propriété `Age` précédemment déclarée.

```
Personne gilles;
gilles = new Personne(26);

gilles.Age = gilles.Age + 1; // Vieillir la personne
Console.WriteLine(gilles.Age);
```

Initialiser des propriétés lors de la création d'un objet (C# 3.0)

```
<instance> = new <type>([<paramètres constructeur>])
{
   <nom propriété 1> = <valeur 1>[,
   <nom propriété N> = <valeur N>]
}
```

Lors de l'instanciation d'un objet, il est possible d'initialiser automatiquement après l'appel du constructeur les valeurs des propriétés contenues dans l'objet instancié. Ces propriétés doivent être `public` et contenir un bloc `set`.

L'exemple suivant illustre l'initialisation des propriétés `Prénom` et `Age` de la classe `Personne` au moment de son instanciation. Voici le code correspondant à la déclaration de la classe `Personne`.

```
class Personne
{
   public string Prénom
   {
      get;
      set;
   }

   public int Age
   {
      get;
      set;
   }
}
```

Le code suivant illustre l'initialisation de deux instances de la classe `Personne`.

```
Personne gilles;
Personne claude;

// Instancier une personne avec le Prénom défini à
// "Gilles" et l'âge à 26
gilles = new Personne() { Prénom = "Gilles", Age = 26 };

// Instancier une personne avec le Prénom défini
// à "Claude"
claude = new Personne() { Prénom = "Claude" };
```

Voici maintenant l'équivalent du code précédent sans l'utilisation des initialiseurs de propriétés.

```
Personne gilles;
Personne claude;

// Instancier une personne avec le Prénom défini à
// "Gilles" et l'âge à 26.
gilles = new Personne();
gilles.Prénom = "Gilles";
gilles.Age = 26;

// Instancier une personne avec le Prénom défini
// à "Claude"
claude = new Personne();
claude.Prénom = "Claude";
```

Les indexeurs

```
// Déclarer un indexeur dans une classe
<visibilité> <type> this[<type index> <nom index>]
{
    get
    {
        // Retourner la valeur de la propriété
    }

    set
    {
        // Modifier la valeur de la propriété
        ... = value;
    }
}
```

```
// Récupérer la valeur d'une propriété
<valeur> = <instance>[<index>];

// Définir la valeur de la propriété
<instance>[<index>] = <valeur>;
```

Les indexeurs sont des propriétés particulières comportant un ou plusieurs paramètres. Ces paramètres représentent le plus souvent des index portant sur une classe.

Il ne peut exister qu'un seul indexeur avec les mêmes types et le même nombre de paramètres dans une classe.

L'exemple suivant illustre la définition d'un indexeur contenant des notes d'un examen.

```
class Examen
{
    private int[] notes;

    public Examen(int effectifs)
```

```
    {
        this.notes = new int[effectifs];
    }

    public int this[int indexNote]
    {
        get { return this.notes[indexNote]; }
        set { this.notes[indexNote] = value; }
    }
}
```

Voici maintenant un exemple d'utilisation de la classe `Examen` contenant trois notes. Un calcul de la moyenne des notes obtenues à l'examen est ensuite réalisé.

```
Examen mathématique;
int total;

// Création d'un examen contenant 3 notes
mathématiques = new Examen(3);
mathématiques[0] = 10;
mathématiques[1] = 20;
mathématiques[2] = 15;

// Calcul de la moyenne des 3 notes
total = 0;
for (int i = 0; i < 3; i++)
{
    total += mathématiques[i];
}

Console.WriteLine(total / 3);
```

Les délégués

```
// Déclarer un délégué
delegate <type retour> <nom délégué>([paramètres]);
```

```
// Déclarer une variable du type du délégué
<nom délégué> <instance>;

// Affecter une méthode à une variable du type
// du délégué
<instance> = <méthode>;

// Appeler la méthode contenue dans la variable
<instance>([paramètres]);
```

Un délégué est une classe permettant de représenter des méthodes d'un même type, c'est-à-dire des méthodes ayant :

- le même type de valeur de retour ;
- le même nombre de paramètres ;
- les mêmes types pour chaque paramètre.

Grâce aux délégués, il est possible de déclarer et d'utiliser des variables faisant référence à une méthode (du même type que le délégué). On peut alors appeler la méthode référencée en utilisant ces variables sans connaître la méthode réellement appelée.

Les classes de type délégué sont déclarées à l'aide du mot-clé `delegate`.

L'exemple suivant illustre la déclaration et l'utilisation d'un délégué `Opération` ayant deux entiers en paramètre et retournant un entier.

```
class Calcul
{
  // Déclaration d'un délégué Opération
  delegate int Opération(int valeur1, int valeur2);
```

```
    // Déclaration d'une méthode Addition du même type
    // que le délégué Opération
    static int Addition(int v1, int v2)
    {
        return v1 + v2;
    }

    // Déclaration d'une méthode Soustraction du même
    // type que le délégué Opération
    static int Soustraction(int v1, int v2)
    {
        return v1 - v2;
    }

    // Applique l'opération spécifiée avec les
    // opérandes associées
    static int AppliquerOpération(Opération o, int v1,
      ➥int v2)
    {
        return o(v1, v2);
    }

    static void Main()
    {
        int total;

        // Appliquer l'addition sur 10 et 5
        total = AppliquerOpération(Addition, 10, 5);

        // Appliquer l'addition sur le total précédent
        // et 20
        total = AppliquerOpération(Soustraction, total, 20);
        // Affiche -5
        Console.WriteLine(total);
    }
}
```

Dans l'exemple précédent, les deux méthodes `Addition()` et `Soustraction()` sont de type `Opération`. On peut donc faire référence à l'une de ces méthodes dans une variable de type `Opération`. C'est le cas du paramètre `o` de la méthode `AppliquerOpération()`. L'appel de la méthode référencée par cette variable se fait simplement en passant les paramètres entre parenthèses.

Attention

Si une variable de type délégué ne fait référence à aucune méthode (c'est-à-dire si la variable est référencée à `null`), l'appel de la méthode (inexistante) contenu dans cette variable provoquera une erreur à l'exécution.

Déclarer des méthodes anonymes

```
// Déclarer une méthode anonyme
<nom délégué> <instance>;
<instance> = delegate ([paramètres de la méthode])
{
    // Code de la méthode
}
```

Les méthodes anonymes sont des méthodes sans nom qui sont créées directement dans le code d'une méthode. Elles sont référencées et appelables grâce aux variables de type délégué.

Les méthodes anonymes doivent donc prendre en paramètre les mêmes paramètres que le délégué associé. Le type de retour (si différent de `void`) est déterminé par le compilateur grâce aux `return` contenus dans la méthode anonyme. Bien évidemment, le type de retour déterminé doit correspondre au type de retour du type délégué associé.

Les méthodes anonymes ont la possibilité d'utiliser les variables contenues dans la méthode qui les déclare.

L'exemple suivant illustre la création d'une méthode anonyme de type `Opération` prenant deux opérandes en paramètre. Cette méthode anonyme consiste à multiplier les deux valeurs de ces deux opérandes, et à multiplier de nouveau le résultat par une autre valeur se trouvant dans une variable locale de la méthode qui définit la méthode anonyme.

```
class Calcul
{
  // Déclaration d'un délégué Opération
  delegate int Opération(int valeur1, int valeur2);

  // Applique l'opération spécifiée avec les
  // opérandes associées
  static int AppliquerOpération(Opération o, int v1,
    ➥int v2)
  {
      return o(v1, v2);
  }

  static void Main()
  {
    int total;
    Opération o;
    int autreValeur;

    autreValeur = 20;

    // Création d'une méthode anonyme de type
    // Opération
    o = delegate(int v1, int v2)
        {
            return autreValeur * v1 * v2;
        };
```

```
        // Appliquer le délégué anonyme sur 10 et 5
        total = AppliquerOpération(o, 10, 5);

        // Afficher 1000
        Console.WriteLine(total);
    }
}
```

Utiliser des expressions *lambda* (C# 3.0)

```
// Déclarer une expression lambda
<nom délégué> <instance>;
<instance> = ([paramètres]) =>
{
    // Code de la méthode
}
```

```
// Déclaration d'une expression lambda simple
<instance> = ([paramètres]) => <code de l'expression>
```

Une *expression lambda* est une autre façon d'écrire un délégué anonyme de manière beaucoup plus concise. Le mot-clé `delegate` n'est plus utilisé et il est remplacé par l'opérateur =>.

Info

Les expressions lambda sont très utilisées dans LINQ.

Si l'expression contient une instruction, il est possible d'écrire le code de l'expression directement sans les accolades et sans le mot-clé `return` :

```
Délégué multiplication = (x, y) => x * y;
```

Si une expression lambda contient uniquement un paramètre, les parenthèses autour de cette dernière sont facultatives :

```
Délégué auCarré = x => x * x;
```

Contrairement aux méthodes anonymes, il n'est pas nécessaire de spécifier les types des paramètres de l'expression si ces derniers peuvent être déduits automatiquement par le compilateur :

```
delegate bool CritèreDelegate(int nombre);
...
CritèreDelegate d = x => x > 2;
```

Dans l'exemple précédent, il n'est pas nécessaire de spécifier le type du paramètre `x`. En effet, le compilateur sait que la variable `d` est un délégué prenant en paramètre un entier de type `int`. Le paramètre `x` de l'expression lambda associée sera donc automatiquement de type `int`.

Il est possible d'écrire une expression lambda ne prenant pas de paramètre. Dans ce cas, il est nécessaire d'utiliser des parenthèses vides :

```
Délégué d = () => Console.WriteLine("Bonjour !");
```

L'exemple qui suit illustre la création d'une méthode `GetPremier()` permettant de rechercher et de récupérer le premier entier qui correspond au critère spécifié en paramètre. Si aucun nombre ne satisfait cette condition, alors la valeur `-1` est retournée.

```
// Déclaration du délégué à utiliser
delegate bool CritèreDelegate(int nombre);

class ExpressionLambda
{
   static int GetPremier(int[] t, CritèreDelegate critère)
   {
      for(int i=0; i<tableau.Length; i++)
      {
         if (critère(tableau[i]) == true)
         {
            return tableau[i];
         }
      }

      return -1;
   }
}
```

Voici un exemple qui utilise cette méthode en passant en paramètre une expression lambda permettant de récupérer le premier nombre inférieur à 10.

```
int[] t;
int valeur;

t = new int[] { 16, 64, 3, 51, 33 };

valeur = ExpressionLambda.GetPremier(t, e => e < 10);
```

Les événements

```
// Déclarer un événement dans une classe
<visibilité> event <type délégué> <nom événement>;
```

```
// Déclencher un événement synchrone
<nom événement>([paramètres]);

// Déclencher un événement asynchrone
<nom événement>.BeginInvoke([paramètres], null, null);
```

```
// Associer une méthode à un événement
<instance>.<nom événement> += new
  ➥<type délégué>(<méthode>);

// Version simplifiée
<instance>.<nom événement> += <méthode>;
```

```
// Dissocier une méthode d'un événement
<instance>.<nom événement> -= <délégué>;
<instance>.<nom événement> -= <méthode>;
```

Les événements permettent de signaler à une ou plusieurs classes que quelque chose s'est produit (changement d'état, etc.). Les événements sont des conteneurs de délégués de même type. Déclencher un événement consiste à appeler tous les délégués contenus dans ce dernier (c'est-à-dire toutes les méthodes associées aux délégués).

La déclaration d'un événement consiste à spécifier le type des méthodes (délégués) que l'événement appellera au moment du déclenchement de ce dernier. Cette déclaration se fait en utilisant le mot-clé `event`.

Le déclenchement d'un événement consiste à appeler l'événement en spécifiant les paramètres nécessaires (les paramètres dépendent du délégué). Un événement ne peut être déclenché que dans la classe où il est déclaré.

Attention

Le déclenchement d'un événement ne peut se faire que si l'événement contient au moins un délégué (c'est-à-dire si l'événement est différent de `null`). Pensez à vérifier cette pré-condition avant le déclenchement d'un événement.

Par défaut, le déclenchement d'un événement est synchrone. Son déclenchement provoque l'appel de toutes les méthodes abonnées à l'événement. Une fois que toutes les méthodes sont appelées, le code qui a déclenché l'événement poursuit son exécution.

Il est possible de déclencher un événement asynchrone afin que le code qui a déclenché l'événement poursuive immédiatement son exécution. Les méthodes abonnées sont donc exécutées en parallèle. Le déclenchement d'un événement asynchrone se fait en appelant la méthode `BeginInvoke` de l'événement concerné.

L'association (l'ajout) d'une méthode à un événement se fait très simplement en utilisant l'opérateur += et en spécifiant un délégué (ou la méthode) à ajouter.

La dissociation (la suppression) d'une méthode d'un événement se fait en utilisant l'opérateur -= et en spécifiant le délégué (ou la méthode) à supprimer.

L'exemple suivant illustre la création d'une classe `CompteBancaire` contenant une méthode permettant de débiter le compte. Cette méthode déclenche l'événement `Mouvement` en spécifiant en paramètre le nouveau solde du compte bancaire.

```
// Déclaration de la signature des délégués de
// l'événement Mouvement de CompteBancaire
delegate void MouvementHandler(int nouveauSolde);

class CompteBancaire
{
```

```
    private int solde;

    public CompteBancaire(int solde)
    {
        this.solde = solde;
    }

    // Déclaration d'un événement de type
    // MouvementHandler
    public event MouvementHandler Mouvement;

    public void Débiter(int montant)
    {
        this.solde += montant;

        // Déclencher l'événement si au moins
        // une méthode est associée
        if (this.Mouvement != null)
        {
            this.Mouvement(this.solde);
        }
    }
}
```

Voici maintenant un code utilisant la classe `CompteBancaire` contenant une méthode `Surveiller()` qui affiche un message si le compte bancaire est débiteur.

```
static void Main(string[] args)
{
    CompteBancaire cb;
    cb = new CompteBancaire(150);

    // Associer la méthode Surveillance()
    // à l'événement Mouvement
    cb.Mouvement += new MouvementHandler(Surveillance);
```

```
    // Débiter le compte
    cb.Débiter(50);
    cb.Débiter(50);
    cb.Débiter(100);
}

static void Surveillance(int nouveauSolde)
{
    if (nouveauSolde < 0)
    {
      Console.WriteLine("Vous êtes à découvert !");
    }
}
```

L'exemple suivant illustre le déclenchement de l'événement `Mouvement` de manière asynchrone.

```
if (this.Mouvement != null)
{
    this.Mouvement.BeginInvoke(this.solde);
}
```

Surcharger une méthode

```
// Déclarer une méthode dans une classe
<type retour> <nom méthode>([paramètres])
{
}
```

```
// Déclarer une surcharge de la méthode précédente
<autre type retour> <nom méthode>([autres paramètres])
{
}
```

Surcharger une méthode consiste à définir une autre méthode de même nom ayant des paramètres différents.

Deux méthodes de même nom sont considérées comme différentes (l'une est une surcharge de l'autre) si :

- le nombre de paramètres est différent ;
- ou au moins un paramètre est de type différent.

La surcharge de méthode permet le plus souvent de proposer différentes méthodes avec des paramètres « par défaut ».

L'exemple suivant illustre la définition d'une classe `Personne` contenant trois méthodes `Marcher()` surchargées.

```
class Personne
{
   private float compteur;

   // Méthode n° 1
   public void Marcher()
   {
       // Appeler la méthode n° 3
       this.Marcher(0.5F);
   }

   // Méthode n° 2
   public void Marcher(int nbMetres)
   {
      // Appeler la méthode n° 3
      this.Marcher((float)nbMetres);
   }

   // Méthode n° 3
   public void Marcher(float nbMetres)
   {
      this.compteur += nbMetres;
   }
}
```

Voici maintenant un exemple qui utilise ces trois méthodes.

```
Personne p;
p = new Personne();

p.Marcher(); // Avance de 50 cm (appelle méthode 1)
p.Marcher(10); // Avance de 10 m (appelle méthode 2)
p.Marcher(3.5);// Avance de 3,5 m (appelle méth. 3)
```

Comme les méthodes ont des paramètres différents, le compilateur peut trouver automatiquement la bonne méthode à appeler.

Déclarer des paramètres facultatifs (C# 4.0)

```
// Déclarer une méthode retournant une valeur
<visibilité> <type retour> <nom>([paramètre1[, ...]])
{
    // Code
    return <valeur>;
}
```

```
// Déclarer un paramètre d'une méthode
<type paramètre> <nom du paramètre>

// Déclarer un paramètre facultatif d'une méthode
<type paramètre> <nom du paramètre> =
  ➥<valeur par défaut>
```

Les paramètres facultatifs permettent d'omettre des arguments pour certains paramètres en les associant avec une valeur par défaut. Cette valeur sera utilisée si aucun argument n'a été affecté au paramètre lors de l'appel de la méthode. Les valeurs par défaut des paramètres doivent être constantes.

Les paramètres facultatifs doivent être définis à la fin de la liste des paramètres après tous les paramètres obligatoires. Si lors de l'appel d'une méthode, un argument est fourni à un paramètre facultatif, alors tous les paramètres facultatifs précédents doivent être spécifiés.

L'exemple suivant illustre la déclaration de la méthode `Marcher()` dans une classe `Personne`. Cette méthode prend en paramètre un nombre de mètres parcourus par la personne. Par défaut, si aucun argument n'est spécifié au paramètre `nbMetres`, ce dernier aura comme valeur 0,5.

```
class Personne
{
   private float compteur;

   public void Marcher(float nbMetres = 0.5F)
   {
      this.compteur += nbMetres;
   }
}
```

Voici maintenant un exemple qui utilise cette méthode.

```
Personne p;
p = new Personne();

p.Marcher();        // Avance de 50 cm
p.Marcher(3.5);     // Avance de 3,5 mètres
```

Voici la déclaration équivalente de la classe `Personne` sans utiliser les paramètres facultatifs mais avec uniquement des surcharges d'une méthode.

```
class Personne
{
   private float compteur;

   // Méthode n° 1
   public void Marcher()
   {
      // Appeler la méthode n° 2
      this.Marcher(0.5F);
   }

   // Méthode n° 2
   public void Marcher(float nbMetres)
   {
      this.compteur += nbMetres;
   }
}
```

Utiliser des paramètres nommés (C# 4.0)

```
// Appeler une méthode à l'aide de paramètres nommés
<instance>.<nom méthode>(<nom paramètre>: <valeur>,
  ➥ ...);
```

Depuis la version 4.0 de C#, il est possible d'appeler une méthode en spécifiant explicitement ses paramètres à l'aide de leur nom associé. Les paramètres peuvent donc être spécifiés dans n'importe quel ordre.

L'exemple suivant illustre la déclaration d'une méthode `Marcher()` contenue dans une classe `Personne`. Cette méthode est ensuite appelée en utilisant les paramètres nommés.

```
class Personne
{
   private float compteur;

   public void Marcher(bool sens, float nbMetres)
   {
      if (sens == true)
      {
         this.compteur += nbMetres;
      }
      else
      {
         this.compteur -= nbMetres;
      }
   }
}
```

Voici maintenant un exemple qui appelle deux fois la méthode `Marcher()` en utilisant les paramètres nommés.

```
Personne p;
p = new Personne();

// Avancer de 50 cm en avant
p.Marcher(sens: true, nbMettres: 3.5);

// Avancer de 70 cm en arrière
p.Marcher(nbMetres: 70, sens: false);
```

Surcharger un constructeur

```
class <nom classe>
{
  // Déclarer un constructeur d'une classe
  <nom classe>([paramètres])
  {
  }
  // Déclarer une surcharge du constructeur
  // précédent
  <nom classe>([autres paramètres])
     [: this(<paramètres>)] // Appel d'un autre
                            // constructeur
  {
  }
}
```

Comme pour les méthodes, surcharger un constructeur consiste à définir un constructeur ayant des paramètres différents. Deux constructeurs sont considérés comme différents (l'un est une surcharge de l'autre) si :

- le nombre de paramètres est différent ;
- ou au moins un paramètre est de type différent.

La surcharge de constructeur permet le plus souvent de proposer différents constructeurs avec des paramètres « par défaut ».

L'exemple suivant illustre la définition d'une classe Personne contenant deux constructeurs surchargés.

```
class Personne
{
   private string nom;

   // Constructeur n° 1
   public Personne()
   {
```

```
        this.nom = "Inconnu";
    }

    // Constructeur n° 2
    public Personne(string nom)
    {
        this.nom = nom;
    }

    public string Nom
    {
        get { return this.nom; }
    }
}
```

Voici maintenant un exemple qui utilise ces deux constructeurs.

```
Personne p;

p = new Personne();
Console.WriteLine(p.Nom);  // Affiche "Inconnu"

p = new Personne("TOURREAU");
Console.WriteLine(p.Nom);  // Affiche "TOURREAU"
```

Comme les constructeurs ont des paramètres différents, le compilateur peut trouver automatiquement le bon constructeur à appeler.

Afin de factoriser le code, les constructeurs peuvent appeler d'autres constructeurs à l'aide du mot-clé `this` suivi des paramètres.

L'exemple suivant illustre la définition d'une classe `Personne` contenant deux constructeurs surchargés. Le constructeur sans paramètre n° 1 appelle le constructeur n° 2 en passant en paramètre la chaîne « Inconnu ».

```
class Personne
{
    private string nom;

    // Constructeur n° 1
    public Personne()
        : this("Inconnu")
    {
    }

    // Constructeur n° 2
    public Personne(string nom)
    {
        this.nom = nom;
    }

    public string Nom
    {
        get { return this.nom; }
    }
}
```

Surcharger un opérateur

```
// Surcharger un opérateur unaire
<visibilité> static <retour> operator<operateur>
➥(<opérande>);

// Surcharger un opérateur binaire
<visibilité> static <retour> operator<operateur>
➥ (<opér. gauche>, <opér. droit>);
```

```
Opérateurs unaires surchargeables :
+, -, !, ~, ++, --
Opérateurs binaires surchargeables :
+, -, *, /, %, &, |, ^, <<, >>
Opérateurs binaires de comparaison surchargeables :
==, !=, <, >, <=, >=
```

```
// Surcharger l'opérateur de conversion explicite
<visibilité> static explicit operator
➥ <retour>(<opérande>);

// Surcharger l'opérateur de conversion implicite
<visibilité> static implicit operator
➥<retour>(<opérande>);
```

Par défaut, les opérateurs C# s'utilisent avec les types primitifs, par exemple l'opérateur addition (+) entre deux entiers. Il est possible de redéfinir ces opérateurs afin qu'ils soient utilisables avec les types définis par l'utilisateur.

Imaginons que l'on dispose d'une classe modélisant un point géométrique 2D (avec des coordonnées *x* et *y*). Il serait intéressant de redéfinir l'opérateur addition entre deux points, mais aussi l'addition entre un point et un entier.

La surcharge d'un opérateur consiste tout simplement à implémenter une méthode `static` ayant comme nom `operator` suivi du symbole de l'opérateur à surcharger. Les paramètres de cette méthode dépendent des opérandes de l'opérateur à surcharger. En effet, un opérateur unaire prend un seul paramètre car il agit sur un seul opérande tandis qu'un opérateur binaire prend deux paramètres, car il agit sur deux opérandes.

```
// Exemple d'un opérateur unaire (incrémentation)
public static Point operator++(Point p)
{
    ...
}

// Exemple d'un opérateur binaire (addition)
public static Point operator+(Point p1, Point p2)
{
    ...
}
```

Pour les opérateurs binaires, l'ordre des paramètres doit correspondre à l'ordre des opérandes de l'opérateur à redéfinir. Par exemple, si l'on définit une surcharge de l'opérateur addition comme ceci :

```
// Exemple d'un opérateur binaire (addition)
public static Point operator+(Point p1, int valeur)
{
    ...
}
```

Alors on ne peut appeler l'opération addition avec un `Point` comme opérande de gauche et un entier comme opérande de droite. Il est nécessaire dans ce cas d'ajouter une surcharge du même opérateur avec les paramètres inversés.

```
Point p, p1;
p = p1 + 10;  // OK
p = 10 + p1;  // Erreur
```

Les opérateurs de comparaison doivent nécessairement retourner une valeur booléenne (de type `bool`).

Info

Lors de la définition d'une surcharge d'un opérateur de comparaison, pensez à définir une surcharge pour le ou les opérateurs opposés. Par exemple, si vous implémentez une surcharge de l'opérateur égalité (==), pensez à implémenter une surcharge de l'opérateur opposé (!=) avec les mêmes opérandes et dans le même ordre.

Il est possible de redéfinir les opérateurs de conversion entre deux types en utilisant les opérateurs `implicit` et `explicit`. L'opérateur de conversion `explicit` est utilisé lors d'une conversion avec l'utilisation de l'opérateur *cast* (voir page 99). L'exemple suivant illustre ce genre de conversion.

```
Kilomètre k;
Miles m;

m = new Miles(16);
k = (Kilomètre)m; // Conversion explicite
```

L'opérateur de conversion `implicit` est utilisé lors d'une conversion simple entre deux types. L'exemple suivant illustre ce genre de conversion.

```
Kilomètre k;
Miles m;

m = new Miles(16);
k = m;  // Conversion implicite
```

La surcharge d'un opérateur ne peut se faire que dans la classe du type d'un de ses opérandes. Par exemple, la redéfinition de l'opérateur addition entre un point et un entier ne peut se faire que dans la classe `Int32` (ce qui est impossible car on n'a pas accès au code source de cette classe) ou dans la classe `Point`.

L'exemple suivant illustre la déclaration d'une classe `Point` avec la surcharge de deux opérateurs (l'addition et l'incrémentation). Pour l'opérateur addition, trois surcharges sont déclarées afin de faire l'addition entre deux points, entre un point et un entier et entre un entier et un point.

```
class Point
{
    private int x;
    private int y;

    public Point(int x, int y)
    {
        this.x = x;
        this.y = y;
    }

    public int X
    {
        get { return this.x; }
    }

    public int Y
    {
        get { return this.y; }
    }

    public static Point operator +(Point p1, Point p2)
    {
        return new Point(p1.x + p2.x, p1.y + p2.y);
    }

    public static Point operator +(Point p, int valeur)
    {
        return new Point(p.x + valeur, p.y + valeur);
    }

    public static Point operator +(int valeur, Point p)
    {
        // Appeler l'opérateur operator+(Point, int)
        return p + valeur;
    }

    public static Point operator ++(Point p)
    {
        // Appeler l'opérateur operator+(Point, int)
        return p + 1;
    }
}
```

Remarquez qu'il est tout à fait possible, dans un opérateur, d'appeler une surcharge d'un autre opérateur.

L'exemple suivant illustre maintenant l'utilisation des divers opérateurs créés précédemment.

```
Point p1, p2, p3;

p1 = new Point(2, 5);
p2 = new Point(10, 20);

p3 = p1 + p2; // (12, 25)
p3 = p1 + 15; // (17, 20)
p3 = 15 + p1; // (17, 20)

p3 = ++p1;     // (3, 6)
p3 = p1++;     // (2, 5)
```

L'exemple suivant illustre la redéfinition des opérateurs de conversion. Deux classes sont déclarées afin de représenter des mesures en kilomètres et en miles. Un opérateur de conversion `explicit` est ajouté dans la classe `Miles`, afin de convertir des miles en kilomètres. Un opérateur de conversion `implicit` est déclaré dans la classe `Kilomètre` et réalise la conversion inverse.

```
class Miles
{
    private double valeur;

    public Miles(double valeur)
    {
        this.valeur = valeur;
    }

    public double Valeur
    {
        get { return this.valeur; }
   }
```

```
    public static explicit operator Kilomètre(Miles miles)
    {
        return new Kilomètre(miles.Valeur * 1.609344);
    }
}

class Kilomètre
{
    private double valeur;

    public Kilomètre(double valeur)
    {
        this.valeur = valeur;
    }

    public double Valeur
    {
        get { return this.valeur; }
    }

    public static implicit operator Miles(Kilomètre
     ➥kilomètres)
    {
        return new Miles(kilomètres.Valeur / 1.609344);
    }
}
```

Voici un exemple d'utilisation des deux opérateurs de conversion.

```
Kilomètre k;
Miles m;

m = new Miles(16);

k = (Kilomètre)m;   // Conversion explicite
m = k;              // Conversion implicite
```

Astuce

Les opérateurs sont surchargés le plus souvent dans des classes ayant une sémantique mathématique (point géométrique, nombre complexe, etc.). Évitez de surcharger des opérateurs pour d'autres types de classes (par exemple l'addition de deux instances de `Maison` qui consisterait à faire la somme des surfaces de celles-ci). La compréhension du code en est rendue plus difficile. Préférez dans ce cas une méthode avec un nom évocateur (`SommeSurface()` par exemple).

Les énumérations

```
[Flags] // Pour utiliser les opérations de bits
// (AND, OR, etc.)
<visibilité> enum <nom énumération>
{
    <nom champ1> [= <valeur 1>,]
    <nom champ2> [= <valeur 2>,]
    ...
}
```

Les énumérations sont des classes particulières contenant uniquement des champs publics qui sont constants. Les énumérations ne peuvent contenir des champs variables, des méthodes ou des propriétés.

Une énumération permet le plus souvent de modéliser et limiter le choix d'une valeur dans le code. Par exemple, représenter le genre d'une personne (Homme ou Femme). On peut bien évidemment modéliser cet attribut à l'aide d'un entier (1 pour Homme, 2 pour Femme), mais il serait possible dans ce cas d'affecter d'autres valeurs incorrectes (3, 100, etc.).

Une énumération est une classe définie en utilisant le mot-clé `enum`. Il est alors possible de définir des variables du type de cette énumération. Il n'est cependant pas possible d'instancier une énumération. Les instances possibles d'une énumération sont les champs contenus dans cette dernière.

Chaque champ est associé à une valeur entière qui doit être différente d'un champ à un autre. Si aucune valeur n'est affectée à un champ, le compilateur se charge d'affecter des valeurs en partant de 0.

L'exemple suivant illustre la déclaration d'une énumération `Genre` :

```
public enum Genre
{
    Homme = 1,
    Femme = 2
}
```

Il est maintenant possible d'utiliser cette énumération comme un nouveau type. L'exemple suivant illustre la déclaration d'une classe `Personne` contenant un champ `genre` de type `Genre`.

```
public class Personne
{
    private Genre genre;

    public Personne(Genre genre)
    {
        this.genre = genre;
    }

    public void AfficherGenre()
    {
        if (this.genre == Genre.Homme)
        {
            Console.WriteLine("Vous êtes un homme !");
        }
        else
```

```
        {
            Console.WriteLine("Vous êtes une femme !");
        }
    }
}
```

L'attribut `[Flags]` doit être placé au-dessus de l'énumération si des opérations binaires (AND, OR ou XOR) doivent être effectuées sur les valeurs des champs associés. Dans ce cas, les valeurs des champs doivent être des puissances de 2 : 1, 2, 4, 8, etc., afin que les valeurs associées ne se chevauchent pas.

L'exemple suivant illustre la déclaration d'une énumération modélisant des droits sur un fichier.

```
[Flags]
public enum Droits
{
    Lecture = 1,
    Écriture = 2,
    Créer = 4,
    Effacer = 8,
    Tout = Lecture | Écriture | Créer | Effacer
}
```

Il est possible maintenant possible d'utiliser cette énumération comme ceci :

```
Droits d;

d = Droits.Effacer | Droits.Ecriture;

if ((d & Droits.Lecture) == Droits.Lecture)
{
    Console.WriteLine("Vous avez le droit de lire");
}
```

```
if ((d & Droits.Ecriture) == Droits.Ecriture)
{
    Console.WriteLine("Vous avez le droit d'écrire");
}
```

Dans l'exemple précédent, on affecte à la variable `d` le droit d'effacer et d'écrire à l'aide de l'opérateur binaire OR (`|`). On regarde ensuite si l'on dispose des droits d'écriture ou de lecture ; pour cela on utilise l'opérateur binaire AND (`&`).

Les classes imbriquées

```
<visibilité> class <nom classe conteneur>
{
   // Déclarer une classe imbriquée
   <visibilité> class <nom classe imbriquée>
   {
       // Membre contenu dans la classe imbriquée
   }
}
```

```
// Déclarer une variable du type de la classe
// imbriquée
<nom classe conteneur>.<nom classe imbriquée>
  ➥<instance>;

// Appeler un constructeur d'une classe imbriquée
<instance> = new <nom classe conteneur>.<nom classe
  ➥imbriquée>([paramètres]);
```

Les classes imbriquées sont par défaut `private`. Elles permettent le plus souvent de créer et d'utiliser de nouvelles classes qui sont utilisées uniquement par la classe conteneur.

Les classes imbriquées peuvent avoir accès à tous les membres (privés inclus) de la classe conteneur ; il faudra dans ce cas passer l'instance de la classe conteneur à la classe imbriquée (à l'aide du constructeur par exemple).

Les classes imbriquées marquées comme `private` peuvent être utilisées dans la classe conteneur, mais cette dernière ne peut bien évidemment pas l'exposer de manière `public`.

L'exemple suivant illustre une classe `Conteneur`, contenant une classe imbriquée `Imbriquée`. La classe `Imbriquée` détient une référence vers `Conteneur` permettant d'avoir accès à la donnée `private` de `Conteneur`.

```
public class Conteneur
{
    private int donnée;

    public Conteneur(int donnée)
    {
        this.donnée = donnée;
    }

    // Classe imbriquée
    public class Imbriquée
    {
        // Référence au conteneur
        private Conteneur conteneur;

        public Imbriquée(Conteneur conteneur)
        {
            this.conteneur = conteneur;
        }

        public int DonnéePrivéeConteneur
        {
            get { return this.conteneur.donnée; }
        }
    }
}
```

Le code qui suit montre comment utiliser la classe `Imbriquée`.

```
Conteneur conteneur;
Conteneur.Imbriquée imbriquée;

// Créer le conteneur
conteneur = new Conteneur(1664);

// Créer une classe imbriquée avec le conteneur spécifié
imbriquée = new Conteneur.Imbriquée(conteneur);

// Afficher la donnée privée du conteneur à partir
// de l'instance de la classe imbriquée
Console.WriteLine(imbriquée.DonnéePrivéeConteneur);
```

Les classes partielles

```
<visibilité> partial class <nom>
{
    // Code de la classe
}
```

De manière générale, on définit une classe dans un fichier (portant comme nom le nom de la classe associé). En C#, il est possible « d'éclater » une classe dans plusieurs fichiers. Dans chacun de ces fichiers, on définit une classe ayant le même nom et étant partielle (à l'aide du mot-clé `partial`). Le compilateur se chargera de regrouper ces fichiers et de former une seule classe. Il est donc possible dans un fichier d'utiliser un membre déclaré dans un autre fichier (dans la même classe). Si un même membre est déclaré dans deux fichiers distincts dans une même classe, une erreur se produira à la compilation.

Une classe peut être marquée partielle, même si elle est définie dans un seul fichier.

L'exemple suivant illustre la déclaration d'une classe partielle dans deux fichiers. Voici le premier fichier :

```
partial class Personne
{
    public void Marcher()
    {
        this.compteur++;
    }
}
```

Et ensuite le second fichier :

```
partial class Personne
{
    private int compteur;
}
```

Une classe partielle s'utilise de manière classique :

```
Personne p;
p = new Personne();

p.Marcher();
```

Info

De manière générale, il est déconseillé d'éclater une classe dans plusieurs fichiers, cela afin de favoriser une bonne compréhension du code. Les classes partielles doivent être utilisées uniquement avec les générateurs de code.

Un générateur de code génère le plus souvent une classe à laquelle vous pouvez ajouter des fonctionnalités. Le code est généré dans une classe partielle dans un fichier ayant comme extension *.designer.cs*, vous laissant ainsi la possibilité de compléter l'implémentation de cette classe dans un autre fichier. Cela vous permet d'éviter de perdre vos modifications suite à une régénération du code.

Créer un type anonyme (C# 3.0)

```
var <nom variable> = new
{
    <propriété1> = <valeur1>[,
    <propriété2> = <valeur2>[,
    <propriétéN> = <valeurN>]]
}
```

Les types anonymes permettent de créer et d'instancier des classes contenant des propriétés en lecture seule sans avoir à définir une classe. Cette classe est automatiquement générée par le compilateur, mais son nom est inaccessible au développeur. Il est donc nécessaire d'utiliser le mot-clé `var` pour récupérer l'instance de la classe générée.

Le type des propriétés est automatiquement défini par le compilateur en fonction des types des valeurs affectées.

L'exemple suivant illustre la création d'un type anonyme représentant l'identité d'une personne.

```
var personne = new
{
    Nom = "TOURREAU",
    Prénom = "Gilles",
    Age = 26
};
```

Une fois le type anonyme déclaré, il est possible de récupérer la valeur des propriétés affectées au moment de sa déclaration.

```
Console.WriteLine("Nom : " + personne.Nom);
Console.WriteLine("Prénom : " + personne.Prénom);
Console.WriteLine("Age : " + personne.Age);
```

Info

Les types anonymes doivent de préférence être utilisés dans le code local d'une méthode. Ils sont très utilisés avec les requêtes LINQ. Cependant, il faut éviter de les utiliser car ils rendent le code beaucoup plus difficile à lire et à maintenir.

Les structures

```
<visibilité> struct <nom structure>
{
   // Membres de la structure
}
```

Les structures sont semblables aux classes. Elles contiennent des membres tels que des champs, des méthodes, des événements et des propriétés. Les structures permettent de créer des types « valeur » alors que les classes permettent de créer des types « référence ».

Les structures ont par défaut un constructeur vide `public` qu'il n'est pas possible de modifier ou de supprimer. Ce constructeur se charge d'initialiser les champs avec leur valeur par défaut. D'autres surcharges de constructeur peuvent être ajoutées, mais ces derniers devront initialiser tous les champs contenus dans la structure.

L'exemple qui suit montre la déclaration d'une structure `Point` représentant un point 2D (avec une abscisse et une ordonnée).

```
public struct Point
{
    private int x;
    private int y;

    public Point(int x, int y)
```

```
    {
        this.x = x;
        this.y = y;
    }

    public int X
    {
        get { return this.x; }
        set { this.x = value; }
    }

    public int Y
    {
        get { return this.y; }
        set { this.y = value; }
    }
}
```

Le runtime du .NET Framework crée automatiquement une instance lors de la déclaration d'une variable de type valeur (à l'aide du constructeur par défaut). Une variable de type valeur ne peut donc jamais être `null`. Même si une instance est créée, le compilateur vous obligera à instancier votre structure une nouvelle fois avant son utilisation.

Info

Les types valeur sont alloués sur la pile et sont plus rapides d'accès que les types référence. Microsoft recommande de ne pas créer des structures lorsque la taille (somme de toutes les tailles des champs) dépasse 16 octets.

Les structures ne peuvent pas hériter d'une classe, mais elles peuvent implémenter des interfaces. Elles héritent automatiquement de la classe `System.ValueType`.

Contrairement aux types référence, l'opérateur d'affectation sur une variable de type valeur réalise une copie des champs contenus dans le type. Il en est de même avec le passage des paramètres à une méthode.

L'exemple suivant illustre l'affectation d'une variable de type `Point` vers une autre variable de type `Point` et change la valeur de cette variable.

```
Point p1, p2;

p1 = new Point(16, 64);
p2 = p2;

Console.WriteLine(p1.X + "-" + p1.Y); // Affiche 16-64
Console.WriteLine(p2.X + "-" + p2.Y); // Affiche 16-64

p2.X = 33;
p2.Y = 51;

Console.WriteLine(p1.X + "-" + p1.Y); // Affiche 16-64
Console.WriteLine(p2.X + "-" + p2.Y); // Affiche 33-51
```

Si l'on convertit la structure en une classe, le résultat sera le suivant :

```
16-64
16-64
33-51 <-- Car p1 et p2 référencent le même objet (alias)
33-51
```

Les deux exemples qui suivent montrent maintenant comment fonctionnent les structures avec les paramètres de méthode.

```
// Méthode prenant un Point en paramètre
public void Méthode(Point paramètre)
{
    paramètre.X = 33;
```

```
    paramètre.Y = 51;

    Console.Write("Pendant : ");
    Console.WriteLine(paramètre.X + "-" + paramètre.Y);
}
```

Un exemple d'appel à cette méthode :

```
Point p;

p = new Point(16, 64);

Console.WriteLine("Avant : " + p.X + "-" + p.Y);
Méthode(p); // La copie de p est envoyée en paramètre
Console.WriteLine("Après : " + p.X + "-" + p.Y);
```

Le résultat produit sur la console est le suivant :

```
Avant : 16-64
Pendant : 33-51 <-- Modification de la copie
Après : 16-64
```

Si l'on convertit la structure `Point` en une classe, le résultat sera le suivant :

```
Avant : 16-64
Pendant : 33-51 <--   Modification de l'objet référencé
                      en paramètres
Après : 33-51
```

Info

Il est possible de contrôler la disposition physique des champs (par exemple le chevauchement de certains champs) d'une structure grâce à l'attribut `StructLayout`. Ainsi, on peut obtenir, par exemple, l'équivalent du mot-clé `union` du langage C.

Passer des paramètres par référence

```
// Déclarer une méthode retournant une valeur
<visibilité> <type retour> <nom>([paramètre1[, ...]])
{
    // Code
    return <valeur>;
}

// Déclarer un paramètre d'une méthode
[out | ref] <type paramètre> <nom du paramètre>
```

```
// Appeler une méthode
<instance>.<nom>([out | ref] <valeur paramètre1>
  ➥[,...]]);
```

Par défaut, les paramètres sont passés par copie dans les méthodes. Pour les types référence, une copie de la référence est passée en paramètre ; pour les types par valeur une copie de la valeur (structure complète) est réalisée. Les paramètres passés par copie sont des paramètres d'entrée.

L'exemple suivant illustre cette copie et ses implications lors de la modification des valeurs d'un paramètre. Voici dans un premier temps une classe `Personne` contenant un champ `nom` modifiable *via* la propriété `Nom`.

```
class Personne
{
    private string nom;

    public string Nom
    {
        get { return this.nom; }
        set { this.nom = value; }
    }
}
```

Ensuite, voici une méthode `Modifier()` qui modifie la référence d'une `Personne` ainsi que la valeur d'un entier de type `int` passés tous deux en paramètre.

```
class Exemple
{
   static void Modifier(Personne p, int nombre)
   {
        p = new Personne();
        p.Nom = "TOURREAU";

        nombre = 1664;
   }
}
```

Voici un exemple d'un code qui utilise la méthode précédemment déclarée.

```
static void Main()
{
   Personne personne;
   int unEntier;

   personne = new Personne();
   personne.Nom = "DUPONT";

   unEntier = 33;

   Exemple.Modifier(personne, unEntier);

   Console.WriteLine(personne.Nom);
   Console.WriteLine(unEntier);
}
```

Le résultat affiché sur la console est le suivant :

```
DUPONT
33
```

Ce résultat s'explique par le fait que la méthode `Modifier()` modifie une copie de la référence `personne` et une copie de la valeur `unEntier` qui sont tous deux passés en paramètre. Ces modifications n'ont donc aucune incidence sur les variables contenues dans le `Main()`.

Pour passer un paramètre par référence, c'est-à-dire la variable elle-même, il est nécessaire d'utiliser le mot-clé `ref` lors de la déclaration et l'appel de la méthode. Voici la version corrigée de la méthode `Modifier()`.

```
class Exemple
{
  static void Modifier(ref Personne p, ref int nombre)
  {
      p = new Personne();
      p.Nom = "TOURREAU";

      nombre = 1664;
  }
}
```

Le code qui appelle la méthode `Modifier()` doit être aussi modifié afin de passer les paramètres par référence :

```
Exemple.Modifier(ref personne, ref unEntier);
```

Voici maintenant le résultat produit sur la console :

```
TOURREAU
1664
```

Il n'est pas possible de passer la référence `null` ou une constante par référence. Le passage par référence avec le mot-clé `ref` nécessite de passer une variable qui est initialisée. Le mot-clé `ref` permet de définir des paramètres d'entrée et de sortie.

Le mot-clé `out` produit le même résultat que `ref`, mais il n'est pas nécessaire d'initialiser la variable qui est passée en paramètre. Cependant, la méthode appelée doit nécessairement lui affecter une valeur. Le mot-clé `out` permet de définir des paramètres de sortie.

Voici un exemple de déclaration d'une méthode qui utilise le mot-clé `out` afin de récupérer le résultat d'une division dans le paramètre `res`.

```
class Exemple
{
  static void Division(decimal a, decimal b,
  ➥out decimal res)
  {
      res = a / b;
  }
}
```

Le code suivant illustre l'utilisation de cette méthode.

```
int résultat;

Exemple.Division(64, 16, out résultat);

Console.WriteLine(résultat);  // Affiche 4
```

Remarquez que la variable `résultat` n'a pas été initialisée.

L'opérateur de *fusion null*

```
// Opérateur de fusion null
<resultat> = <valeur> ?? <valeur si null>
```

L'opérateur *fusion null* s'utilise uniquement avec les types références et permet de tester en une seule ligne si une variable est `null`. Si cette condition est vérifiée, la valeur qui suit l'opérateur est affectée à la variable résultante. Dans le cas contraire, c'est la valeur de la variable elle-même qui est retournée.

L'équivalent de cet opérateur avec une instruction conditionnelle `if` peut s'écrire ainsi :

```
if (<valeur> == null)
{
   <resultat> = <valeur si null>;
}
else
{
   <resultat> = <valeur>;
}
```

L'exemple suivant illustre l'utilisation de cet opérateur.

```
Personne gilles;
Personne p;
Personne résultat;

gilles = new Personne("Gilles TOURREAU");

p = null;
résultat = p ?? gilles; //résultat = gilles car p = null

p = new Personne("Jean DUPONT");
résultat = p ?? gilles; //résultat = p car p != null
```

Les méthodes partielles (C# 3.0)

```
<visibilité> partial class <nom>
{
  // Définition d'une méthode partielle (à compléter)
  partial <type retour> <nom méthode>([<paramètres>]);
}
```

```
// Classe partielle définie dans un autre fichier
partial class <nom>
{
  // Implémentation de la méthode partielle
  partial <type retour> <nom méthode >([<paramètres>])
  {
        // Code de la méthode
  }
}
```

Les méthodes partielles s'utilisent avec les classes partielles. Elles permettent de définir des méthodes *privées* sans code qui pourront être implémentées dans un autre fichier de la même classe. Ces méthodes étant déclarées, il est alors possible de les utiliser dans le code comme une méthode classique.

La déclaration d'une méthode partielle se fait en utilisant le mot-clé `partial`.

L'implémentation de la méthode n'est pas obligatoire ; dans ce cas, le compilateur supprimera automatiquement tous les appels à cette méthode. Il ne peut y avoir qu'une seule déclaration et une seule implémentation d'une méthode partielle.

L'exemple suivant illustre un exemple d'une méthode partielle définie et implémentée dans deux fichiers différents.

Voici le premier fichier :

```
partial class Personne
{
    private int compteur;

    public Personne()
    {
        this.Initialiser();
    }

    partial void Initialiser();
}
```

Et ensuite le second fichier :

```
partial class Personne
{
    partial void Initialiser()
    {
        this.compteur = 10;
    }
}
```

Info

Comme pour les classes partielles, les méthodes partielles sont à utiliser conjointement avec un générateur de code, vous permettant d'implémenter si nécessaire une méthode utilisée et générée par ce dernier.

Les méthodes d'extension (C# 3.5)

```
// Les méthodes d'extension doivent être dans
// une classe statique
public static class <nom classe>
{
    // Déclarer une méthode d'extension
    public static <retour> <nom>(this <type étendu>
      ➥<nom paramètre>[, <paramètres>])
    {
        // Code de la méthode
    }
}
```

```
// Utiliser une méthode d'extension
<type étendu> <instance>;

// Appeler une méthode d'extension
<instance>.<nom>([<paramètres>]);

// Ou alors comme une méthode statique :
<type étendu>.<nom>(<instance>, [<paramètres>]);
```

Les méthodes d'extension permettent d'ajouter « virtuellement » une méthode `public` à une classe déjà existante sans avoir besoin de modifier cette dernière.

Les méthodes d'extensions sont des méthodes `static` déclarées dans une classe `static`. Elles ne peuvent donc pas avoir accès à tous les membres `private` ou `protected` de la classe associée. Le premier paramètre indique l'instance où est appelée la méthode.

L'exemple suivant illustre la création d'une méthode d'extension permettant d'ajouter une méthode `Afficher()` à la classe `int` (`Int32`) et permettant d'afficher le nombre associé.

```
public static class MesExtensions
{
    public static void Afficher(this int nombre)
    {
        Console.WriteLine(nombre);
    }
}
```

Voici un exemple qui illustre l'utilisation de cette méthode d'extension.

```
int entier;
entier = 1664;

// Appel de la méthode d'extension
entier.Afficher();

// Autre alternative équivalente
MesExtensions.Afficher(entier);
```

Attention

Les méthodes d'extension permettent «d'étendre les fonctionnalités» de classes déjà existantes. Évitez de trop les utiliser, car cela dénature la programmation orientée objet et peut rendre votre code très difficile à comprendre.

3

L'héritage

L'héritage permet de créer de nouvelles classes en s'appuyant sur des classes déjà existantes afin de leur ajouter de nouvelles fonctionnalités ou de modifier les fonctionnalités existantes. Cela permet notamment aux développeurs de factoriser le code.

Utiliser l'héritage

```
class <nom classe dérivée> : <nom classe base>
{
    // Nouveaux membres ou redéfinition des membres
}
```

```
// Utilisation du polymorphisme
<nom classe base> <instance>;
<instance> = new <nom classe dérivée>();
<instance>.<nom classe dérivée>;
```

```
// Opérateur cast
<instance dérivée> = (<classe dérivée>)<instance
  ➥d'une classe de base>;
```

Lorsqu'une classe dérive d'une classe de base, elle peut accéder à tous les membres de la classe de base qui ne sont pas privés. Dans le .NET Framework, si une classe n'hérite d'aucune classe explicitement, alors le compilateur la fait hériter de la classe `System.Object`. Une classe ne peut hériter que d'une seule classe.

L'exemple suivant illustre la déclaration d'une classe `Voiture` qui hérite de la classe `Véhicule`.

```
class Véhicule  // Hérite implicitement de Object
{
    private int compteur;

    public void Avancer()
    {
        this.compteur++;
    }
}

class Voiture : Véhicule  // Hérite de véhicule
{
    public void OuvrirCoffre()
    {
        Console.WriteLine("Ouverture du coffre");
    }
}
```

La classe `Voiture` héritant de `Véhicule`, elle hérite des membres non privés de la classe `Véhicule`. Il est donc possible d'appeler la méthode `Avancer()` sur une instance de la classe `Voiture`. L'exemple suivant illustre l'utilisation de cet héritage.

```
Voiture v;

v = new Voiture();
v.OuvrirCoffre();

// Voiture hérite de Véhicule, elle hérite donc
// de la méthode Avancer() de la classe Véhicule
v.Avancer();
```

Si l'on considère que la classe `Camion` hérite de `Véhicule`, on peut dire que :

- Un `Camion` est un `Véhicule`.
- Une `Voiture` est un `Véhicule`.
- Un `Véhicule` n'est pas forcément un `Camion` ou une `Voiture`.

Ces affirmations permettent d'introduire un concept lié à l'héritage qui s'appelle le «polymorphisme». Grâce au polymorphisme, il est possible de déclarer une variable d'un type de base faisant référence à une instance dérivée. L'exemple suivant illustre ce concept.

```
Véhicule v;

v = new Voiture();
// Même si la variable v fait référence à une Voiture,
// elle est considérée comme de type Véhicule : il est
// impossible d'appeler la méthode v.OuvrirCoffre();

// v étant de type Véhicule, il est possible d'appeler
// la méthode Avancer()
v.Avancer();

v = new Camion(); // Un Camion est un Véhicule
v.Avancer();
```

Comme expliqué en commentaires, si l'on déclare une variable d'un type de base, il n'est plus possible d'accéder aux membres des classes dérivées, même si cette variable fait référence à une instance d'un type dérivé. Pour pallier ce problème, on peut utiliser l'opérateur *cast* qui consiste tout simplement à changer et forcer le type d'une variable. L'exemple suivant reprend l'exemple précédent en utilisant cet opérateur.

```
Véhicule v;

v = new Voiture();
((Voiture)v).OuvrirCoffre(); // " Caster " v en Voiture

v = new Camion();
((Voiture)v).OuvrirCoffre(); // Erreur à l'exécution
```

Attention

L'opérateur *cast* permet de forcer la compilation en spécifiant le type réel d'une variable d'instance. Si le type spécifié est incorrect, une erreur aura lieu à l'exécution et non à la compilation ! Vous devez donc être très vigilant lorsque vous utilisez cet opérateur.

Redéfinir une méthode

```
// Déclarer une méthode dans la classe de base
// pouvant être redéfinie
<visibilité> virtual <type retour> <nom>([paramètres])
{
    // Code de la méthode de la classe de base
}
```

```
// Déclarer une redéfinition d'une méthode
// dans la classe dérivée
<visibilité> override <type retour> <nom>([paramètres])
{
    // Code de la méthode de classe dérivée
}
```

```
// Appeler la méthode de la classe de base dans
// la classe dérivée
base.<nom>([paramètres]);
```

Par défaut, les méthodes des classes de base ne peuvent pas être redéfinies ; il faut spécifier le mot-clé `virtual` dans la définition des méthodes, afin d'autoriser les classes dérivées à redéfinir la méthode si nécessaire.

Dans les classes dérivées, la redéfinition d'une méthode se fait en utilisant le mot-clé `override`.

L'exemple suivant illustre la redéfinition de la méthode `Avancer()` dans la classe `Voiture` afin d'incrémenter beaucoup plus rapidement le compteur kilométrique.

```
class Véhicule
{
    // Afin que compteur soit accessible pour les
    // classes dérivées, on spécifie le niveau
    // de visibilité protected
    protected int compteur;

    public virtual void Avancer()
    {
        this.compteur++;
    }
}

class Voiture : Véhicule
{
    public override void Avancer()
    {
        this.compteur += 5;
    }
}
```

Dans l'exemple précédent, si l'on crée une instance de la classe `Voiture` et que l'on appelle la méthode `Avancer()`, alors le compteur kilométrique sera automatiquement incrémenté de 5.

Dans le cas de plusieurs héritages, c'est la méthode la plus dérivée (c'est-à-dire celle se trouvant dans la classe la plus dérivée) qui sera appelée. La méthode réellement appelée dépend uniquement du type réel et non du type apparent. Par exemple, l'appel de la méthode `Avancer()` sur un objet de type `Voiture` référencé par une variable de type `Véhicule` sera réalisé sur la classe `Voiture`.

```
Véhicule v;            // Type apparent
v = new Voiture();     // Type réel

v.Avancer();           // La méthode Avancer() de la classe
                       // Voiture sera appelée.
```

Il est possible de faire appel à la méthode de la classe de base redéfinie en utilisant le mot-clé `base`. Ainsi, il n'est plus nécessaire de définir le champ `compteur` comme `protected`. L'exemple suivant illustre l'utilisation du mot-clé `base` permettant d'appeler cinq fois la méthode `Avancer()` de la classe `Véhicule`.

```
class Véhicule
{
    private int compteur;

    public virtual void Avancer()
    {
        this.compteur++;
    }
}

class Voiture : Véhicule
{
    public override void Avancer()
    {
        for(int i=0 ; i<5; i++)
        {
          // Appeler la méthode Avancer() de la classe
          // de base
          base.Avancer();
        }
    }
}
```

Redéfinir une propriété

```
// Déclarer une propriété dans la classe de base
// pouvant être redéfinie
<visibilité> virtual <type retour> <nom>
{
    get { // Code permettant de récupérer la valeur }
    set { // Code permettant de modifier la valeur }
}
```

```
// Déclarer une redéfinition d'une propriété
// dans la classe dérivée
<visibilité> override <type retour> <nom propriété>
{
    get { // Code permettant de récupérer la valeur }
    set { // Code permettant de modifier la valeur }
}
```

```
// Appeler une propriété de la classe base dans la
// classe dérivée
<valeur> = base.<nom propriété>;
base.<nom propriété> = <valeur>;
```

Comme pour les méthodes, les propriétés ne peuvent pas être redéfinies par défaut. Il faut explicitement spécifier à l'aide du mot-clé `virtual` les propriétés pouvant être redéfinies dans les classes dérivées. Il est possible d'utiliser le mot-clé `base` afin d'accéder ou de modifier la propriété de la classe de base.

Dans les classes dérivées, la redéfinition d'une méthode se fait en utilisant le mot-clé `override`.

Dans le cas de plusieurs héritages, c'est la propriété la plus dérivée (c'est-à-dire celle se trouvant dans la classe la plus dérivée) qui sera appelée. La propriété réellement appelée dépend uniquement du type réel et non du type apparent. Par exemple, l'appel de la propriété `Immatriculation` sur un objet de type `Voiture` référencé par une variable de type `Véhicule` sera réalisé sur la classe `Voiture`.

```
Véhicule v;                  // Type apparent
v = new Voiture();           // Type réel

v.Immatriculation = "ZZ"; // La propriété
// Immatriculation de la classe Véhicule sera appelée
```

L'exemple suivant illustre la redéfinition de la propriété `Immatriculation` de la classe `Véhicule` dans la classe `Voiture` afin de faire préfixer l'immatriculation par «VL» au moment de la récupération de la propriété.

```
class Véhicule
{
    private string immatriculation;

    public virtual string Immatriculation
    {
        get { return this.immatriculation; }
        set { this.immatriculation = value; }
    }
}

class Voiture : Véhicule
{
    public override string Immatriculation
    {
        get { return "VL" + base.Immatriculation; }
        set { base.Immatriculation = value; }
    }
}
```

Appeler le constructeur de la classe de base

```
<visibilité> class <nom classe dérivée> : <nom classe base>
{
  // Définition d'un constructeur de la classe dérivée
  <visibilité> <nom classe dérivée>([paramètres])
     : base([paramètres]) // Appel du constructeur
                          // de base
  {
     // Code du constructeur dérivé
  }
}
```

Lors de l'instanciation d'une classe dérivée, le constructeur sans paramètre de la classe de base est automatiquement appelé. Si celui-ci n'existe pas, il faut alors l'appeler explicitement. Pour cela, on utilise le mot-clé `base` suivi des paramètres à envoyer à l'un des constructeurs de la classe de base.

L'exemple suivant illustre une classe `Animal` contenant un champ `age` qui est initialisé à l'aide d'un constructeur. Une classe `Chien` est ensuite définie héritant d'`Animal` et contenant un champ `nom` qui est initialisé à l'aide d'un constructeur. Ce dernier appelle le constructeur de la classe `Animal` afin de passer l'âge du `Chien`.

```
class Animal
{
   private int age;

   public Animal(int age)
   {
      this.age = age;
   }
}
```

```
class Chien : Animal
{
   private string nom;

   public Chien(string nom, int age) : base(age)
   {
      this.nom = nom;
   }
}
```

Masquer une méthode

```
// Masquer une méthode contenue dans
// une classe dérivée
<visibilité> new <type retour> <nom>([paramètres])
{
   // Code de la méthode de classe dérivée
}
```

Le masquage d'une méthode consiste à remplacer une méthode déjà existante dans une classe dérivée. Les méthodes de la classe de base n'ont pas à être marquées avec le quantifieur `virtual`.

Le remplacement d'une méthode se fait en utilisant le mot-clé `new`. Il permet de « rompre » son héritage et permet le plus souvent de changer sa signature (c'est-à-dire ses paramètres et sa valeur de retour).

L'exemple suivant illustre la déclaration d'une classe `Véhicule` contenant une méthode `Avancer()`. Cette dernière est masquée dans la classe dérivée `Voiture`.

```
class Véhicule
{
    // Afin que compteur soit accessible pour les
    // classes dérivées, on spécifie le niveau
    // de visibilité protected
    protected int compteur;

    public void Avancer()
    {
        this.compteur++;
    }
}

class Voiture : Véhicule
{
    public new void Avancer()
    {
        this.compteur += 5;
    }
}
```

La méthode réellement appelée dépend du type apparent de l'objet et non du type réel. L'exemple suivant illustre cette différence.

```
Véhicule v;             // Type apparent
v = new Voiture();      // Type réel

v.Avancer();            // La méthode Avancer() de la
                        // classe Véhicule sera appelée

((Voiture)v).Avancer(); // La méthode Avancer() de
                        // la classe Voiture sera appelée
```

Le masquage de méthode est souvent utilisé pour changer le type de retour d'une méthode. Ce type de retour est le plus souvent celui d'une classe plus dérivée que le type de retour d'origine.

L'exemple suivant illustre la déclaration d'une classe `Voiture` qui hérite de `Véhicule`. Ces classes sont fabriquées respectivement par les classes `UsineVoiture` et `UsineVéhicule`. La classe `UsineVéhicule` contient une méthode `Fabriquer()` permettant la fabrication d'un véhicule. Cette méthode est ensuite redéfinie dans la classe `UsineVoiture` afin de fabriquer des voitures à l'aide d'un masquage.

```
class Véhicule
{
}

class Voiture : Véhicule
{
}

class UsineVéhicule
{
    public Véhicule Fabriquer()
    {
        return new Véhicule();
    }
}

class UsineVoiture : UsineVéhicule
{
    public new Voiture Fabriquer()
    {
        return new Voiture();
    }
}
```

La classe `UsineVoiture` masque la méthode `Fabriquer()` de la classe de base afin de changer le type de la classe dérivée. Cela évite de réaliser un *cast* afin de récupérer un objet de type `Voiture` à chaque appel de la méthode `Fabriquer()`.

Masquer une propriété

```
// Déclarer une redéfinition d'une propriété
// dans la classe dérivée
<visibilité> new <type retour> <nom propriété>
{
    get { // Code permettant de récupérer la valeur }
    set { // Code permettant de modifier la valeur }
}
```

Le masquage d'une propriété consiste à remplacer une propriété déjà existante dans une classe dérivée. Les propriétés de la classe de base n'ont pas à être marquées avec le quantifieur `virtual`.

Le remplacement d'une méthode se fait en utilisant le mot-clé `new`. Il permet de « rompre » son héritage et permet le plus souvent de changer son type de retour.

L'exemple suivant illustre la déclaration d'une classe `Véhicule` contenant une propriété `Immatriculation`. Cette dernière est remplacée dans la classe dérivée `Voiture` à l'aide du quantificateur `new`.

```
class Véhicule
{
    private string immatriculation;

    public string Immatriculation
    {
        get { return this.immatriculation; }
```

```
        set { this.immatriculation = value; }
    }
}

class Voiture : Véhicule
{
    public new string Immatriculation
    {
        get { return "VL" + base.Immatriculation; }
        set { base.Immatriculation = value; }
    }
}
```

La propriété réellement appelée dépend du type apparent de l'objet et non du type réel. L'exemple suivant illustre cette différence.

```
Véhicule v;                 // Type apparent
v = new Véhicule();         // Type réel

v.Immatriculation = "ZZ";// La propriété Immatriculation
// de la classe Véhicule sera appelée

((Voiture)v).Immatriculation = "ZZ"; // La propriété
// Immatriculation de la classe Voiture sera appelée
```

Le masquage de propriété est souvent utilisé pour changer le type de retour d'une propriété. Ce type de retour est le plus souvent d'un type d'une classe plus dérivée que le type de retour d'origine.

L'exemple suivant illustre une classe `Camion` héritant de `Véhicule`. La classe `Véhicule` fait référence à une `Personne` en utilisant une propriété. Cette propriété est alors redéfinie dans la classe `Camion` afin de faire référence à un objet `Homme`.

```
class Personne
{
}

class Homme : Personne
{
}

class Véhicule
{
    private Personne personne;

    public Véhicule(Personne personne)
    {
        this.personne = personne;
    }

    public Personne Personne
    {
        get { return this.personne; }
    }
}

class Camion : Véhicule
{
    public Camion(Homme homme)
        : base(homme)
    {
    }

    public new Homme Personne
    {
        get { return (Homme)base.Personne; }
    }
}
```

Dans l'exemple précédent, on suppose que la personne associée à un `Camion` doit être nécessairement de type `Homme`. Cette condition est vérifiée automatiquement grâce au constructeur de `Camion` qui prend en paramètre un `Homme`. On peut donc en déduire qu'une instance d'un objet `Homme` sera toujours retournée par la propriété `Personne`. Afin d'éviter de nombreux *cast*, il est donc possible de remplacer dans la classe `Camion` la propriété `Personne` de la classe `Véhicule` par une propriété de même nom retournant un objet de type `Homme` (le *cast* sera réalisé une seule fois dans la propriété et non par le code appelant).

L'exemple suivant illustre l'utilisation des classes déclarées précédemment.

```
Camion camion;
Véhicule véhicule;
Homme homme;

camion = new Camion(new Homme());
homme = camion.Personne;          // Cast inutile

véhicule = camion;
homme = (Homme)véhicule.Personne; // Cast obligatoire
```

Utiliser les interfaces

```
<visibilité> interface <nom>
{
    // Membres de l'interface
}
```

Les interfaces contiennent uniquement des signatures de méthodes, de propriétés ou d'événements. Elles ne contiennent donc aucun code. Elles permettent de définir un « contrat » que doivent implémenter les classes qui dérivent de cette interface. Une interface peut hériter de plusieurs interfaces.

Les interfaces permettent souvent de contourner le manque de la notion d'héritage multiple dans C#. Elles permettent de regrouper des classes ayant des fonctionnalités identiques (méthodes, propriétés et événements) tout en n'étant pas dans la même hiérarchie d'héritage.

Les membres contenus dans une interface n'ont pas de niveau de visibilité.

L'exemple suivant illustre la déclaration d'une interface `IIdentifiable` contenant une propriété `Id`.

```
public interface IIdentifiable
{
    int Id
    {
        get;
    }
}
```

Toutes les classes qui hériteront de cette interface devront implémenter une propriété `Id` en lecture seule.

Implémenter une interface

```
// Déclarer une classe implémentant des interfaces
// implicitement
<visibilité> class <nom> : [<classe dérivée>,]
➥ <interfaces>
{
    public <membre de l'interface>
}
```

L'implémentation d'une interface dans une classe consiste tout simplement à redéfinir tous les membres contenus dans l'interface. Les membres qui sont implémentés doivent être obligatoirement `public`.

Voici un exemple qui illustre une classe `Voiture` et `Personne` implémentant l'interface `IIdentifiable` du précédent exemple.

```
class Personne : IIdentifiable
{
    private int id;
    private int age;

    public Personne(int id, int age)
    {
        this.id = id;
        this.age = age;
    }

    public int Id
    {
        get { return this.id; }
    }

    public int Age
    {
        get { return this.age; }
    }
}

class Voiture : IIdentifiable
{
    private int id;
    private string immatriculation;

    public Voiture(int id, string immatriculation)
    {
        this.id = id;
        this.immatriculation = immatriculation;
    }
```

```
    public int Id
    {
       get { return this.id; }
    }

    public string Immatriculation
    {
        get { return this.immatriculation; }
    }
}
```

Ces deux classes implémentant la même interface, il est possible de «regrouper» ces objets qui n'ont aucun lien d'héritage (à part la classe `System.Object` du .NET Framework).

L'exemple suivant illustre la création d'un tableau d'objet implémentant l'interface `IIdentifiable` contenant une `Voiture` et une `Personne`. Les identifiants de ces objets sont ensuite affichés sur la console.

```
IIdentifiable[] tab;
tab = new IIdentifiable[]
{
    new Voiture(16, "AA-000-ZZ"),
    new Personne(64, 26)
};

for (int i = 0; i < tab.Length; i++)
{
    Console.WriteLine(tab[i]);
}
```

Implémenter une interface explicitement

```
// Déclarer une classe implémentant des interfaces
// explicitement
<visibilité> class <nom> : [<classe dérivée>,]
<interfaces>
{
    <nom interface>.<membre de l'interface>
}
```

Il arrive parfois que l'on souhaite implémenter une interface de manière explicite afin d'hériter d'une interface sans rendre publique ses membres dans la classe dérivée. Implémenter une interface de manière *explicite* consiste tout simplement à préfixer les membres par le nom de l'interface. Il est possible de mélanger les implémentations explicites ou implicites des membres d'une interface.

L'implémentation explicite des interfaces permet de résoudre les conflits dus à des membres qui seraient présents dans plusieurs interfaces implémentées par une classe.

Les membres implémentés de manière explicite ne sont pas visibles. Leur accès ne peut se faire que sur une variable du type de l'interface. Utilisez l'opérateur *cast* si nécessaire.

L'exemple suivant illustre l'implémentation de manière explicite de la propriété `Id` de l'interface `IIdentifiable` pour les classes `Véhicule` et `Personne`.

```
class Personne : IIdentifiable
{
    private int numéroSécu;
    private int age;

   public Personne(int numéroSécu, int age)
    {
```

```
        this.numéroSécu = numéroSécu;
        this.age = age;
    }

    int IIdentifiable.Id
    {
        get { return this.NuméroSécu; }
    }

    public int NuméroSécu
    {
        get { return this.numéroSécu; }
    }

    public int Age
    {
        get { return this.age; }
    }
}

class Voiture : IIdentifiable
{
    private int numéroSérie;
    private string immatriculation;

    public Voiture(int id, string immatriculation)
    {
        this.id = id;
        this.immatriculation = immatriculation;
    }

    int IIdentifiable.Id
    {
        get { return this.NuméroSérie; }
    }

    public int NuméroSérie
    {
```

```
        get { return this.numéroSérie; }
    }

    public string Immatriculation
    {
        get { return this.immatriculation; }
    }
}
```

Dans l'exemple précédent, on a voulu implémenter de manière explicite la propriété `Id` de l'interface `IIdentifiant`, car les deux classes disposent déjà d'une propriété (`NuméroSécu` et `NuméroSérie`) permettant d'identifier respectivement une `Personne` et une `Voiture`. Ainsi, la propriété `Id` n'est pas ajoutée aux classes mais peut être utilisable lors de l'utilisation de l'interface `IIdentifiable`.

L'exemple suivant illustre l'utilisation de la propriété `Id` sur une instance d'une voiture. La propriété `Id` étant implémenté de manière explicite, elle est donc non visible ; un *cast* est alors nécessaire.

```
Voiture v;
v = new Voiture(16, "AA-000-ZZ");

Console.WriteLine(((IIdentifiable)v).Id);
```

Les classes, méthodes et propriétés abstraites

```
// Déclarer une classe abstraite
<visibilité> abstract class <nom>
{
    // Déclarer une méthode abstraite
```

```
    <visibilité> abstract <retour> <nom méthode>
      ➥(<paramètres>);

    // Déclarer une propriété abstraite
    <visibilité> abstract <type> <nom propriété>
    {
       get; // Si la propriété est en lecture
       set; // Si la propriété est en écriture
    }
}
```

```
// Implémentation d'une classe abstraite
<visibilité> class <nom> : <nom classe abstraite>
{
    // Implémentation d'une méthode abstraite
    <visibilité> override <retour> <nom méthode>
       ➥(<paramètres>);

    // Implémentation d'une propriété abstraite
    <visibilité> override <type> <nom propriété>
    {
       get; // Si la propriété est en lecture
       set; // Si la propriété est en écriture
    }
}
```

Les classes abstraites sont des classes qui ne peuvent pas être instanciées. Elles doivent être héritées et instanciées par une classe dérivée non abstraite afin d'être utilisée.

Les classes abstraites peuvent contenir des méthodes abstraites et des propriétés abstraites qui ne contiennent aucun code. Ces méthodes et ces propriétés devront être obligatoirement implémentées par le ou les classes dérivées non abstraites. Contrairement aux interfaces, les classes abstraites peuvent contenir des champs ainsi que des méthodes et des propriétés contenant du code.

La définition d'une classe, d'une méthode ou d'une propriété abstraite se fait en utilisant le mot-clé `abstract`.

Comme pour les interfaces, les classes abstraites permettent de jouer avec le polymorphisme. Il est donc possible d'appeler des méthodes abstraites sur un type apparent ; c'est la méthode implémentée qui sera automatiquement appelée sur le type réel.

```
ClasseAbstraite c;          // Type apparent
c = new ClasseDérivée();    // Type réel
c.MéthodeAbstraite();       // Ici on appellera la méthode
                            // implémentée dans ClasseDérivée
```

L'exemple suivant définit une classe abstraite `Animal` contenant une méthode abstraite `protected EmettreSon()` et une propriété `public` abstraite `PeauType`. Cette classe est ensuite héritée et implémentée par deux autres classes `Chien` et `Oiseau`, qui implémentent les membres abstraits de la classe `Animal`.

```
public abstract class Animal
{
    // Son émit par l'animal (à implémenter)
    protected abstract void EmettreSon();

    // Type de peau (à implémenter)
    public abstract string PeauType
    {
        get;
    }

    public void Chatouiller()
    {
        Console.WriteLine("Je chatouille l'animal...");
        this.EmettreSon();
    }
}
public class Chien : Animal
```

```
{
    protected override void EmettreSon()
    {
        Console.WriteLine("Waf ! Waf !");
    }

    public override string PeauType
    {
        get { return "Poils"; }
    }
}

public class Oiseau : Animal
{
    protected override void EmettreSon()
    {
        Console.WriteLine("Cui ! Cui !");
    }

    public override string PeauType
    {
        get { return "Plumes"; }
    }
}
```

L'exemple qui suit illustre l'utilisation de ces trois classes en déclarant et en initialisant un tableau d'`Animal`. Pour chaque `Animal` contenu dans ce tableau, on affiche son type de peau et on le chatouille.

```
Animal[] animaux = new Animal[] {
    new Chien(),
    new Oiseau(),
    new Chien()
};
for (int i = 0; i < animaux.Length; i++)
{
    Console.WriteLine("Peau : " + animaux[i].PeauType);
    animaux[i].Chatouiller();
    Console.WriteLine();
}
```

On obtient en sortie sur la console :

```
Peau : Poils
Je chatouille l'animal...
Waf ! Waf !

Peau : Plumes
Je chatouille l'animal...
Cui ! Cui !

Peau : Poils
Je chatouille l'animal...
Waf ! Waf !
```

Les classes scellées

```
// Déclarer une classe scellée
<visibilité> sealed class <nom>
{
   // Code de la classe
}
```

Il est possible de déclarer des classes qui ne peuvent pas être dérivées. On utilise pour cela le mot-clé `sealed`. Les classes scellées permettent d'assurer aux développeurs que le comportement de leurs classes ne pourra pas être modifié.

L'exemple suivant illustre une classe scellée `Chien`.

```
class sealed Chien
{
    public void Aboyer()
    {
        Console.WriteLine("Waf ! Waf !");
    }
}
```

Créons maintenant une classe dérivée, comme ceci :

```
class SuperToutou : Chien
{
}
```

On obtient alors une erreur à la compilation.

Tester un type avec l'opérateur *is*

```
// Retourner true si instance est du type spécifié,
// false dans le cas contraire
bool b = <instance> is <type>;
```

L'opérateur is permet de tester si une variable contient une instance d'un type spécifié (dérivé ou non). Cet opérateur est très utile lors que vous souhaitez utiliser l'opérateur *cast* afin de contrôler le type d'une instance.

L'exemple suivant illustre l'utilisation de cet opérateur. On suppose qu'il existe une classe `Homme` héritant de `Personne` contenant une méthode `BoireUneBière()`.

```
Personne p;
p = new Homme();

if (p is Homme)
{
    // p est de type Homme, il est donc possible de
    // "caster" p en Homme
    ((Homme)p).BoireUneBière();
}
```

Info

Si vous souhaitez tester le type d'une instance et effectuer si possible un *cast*, préférez l'utilisation de l'opérateur as qui est beaucoup plus performant.

Caster une instance avec l'opérateur *as*

```
// Retourner l'instance si instance est du type
// spécifié, null dans le cas contraire
<type> <résultat> = <instance> as <type>;
```

L'opérateur as fonctionne comme l'opérateur is : il teste si une variable contient une instance d'un type spécifié (dérivé ou non).

Si la variable est bien une instance du type spécifié, l'opérateur as réalise un *cast* et retourne l'instance. Dans le cas contraire, l'opérateur as retourne la valeur null.

L'exemple suivant illustre l'utilisation de cet opérateur. On suppose qu'il existe une classe Homme héritant de Personne contenant une méthode BoireUneBière().

```
Personne p;
Homme h;
p = new Homme();

h = p as Homme;
if (h != null)
{
    h.BoireUneBière();
}
```

4

La gestion des erreurs

Le programmeur doit considérer durant le développement tous les cas de figure relatifs à l'exécution de son code, et en particulier les erreurs d'exécution pouvant survenir. En traitant une erreur d'exécution, le développeur doit aussi s'assurer que le système repart dans un état stable. Ce travail est très fastidieux et il est fort probable que le développeur oublie de traiter certains cas.

Prenons l'exemple suivant (on considère que la méthode `OuvrirFichier()` retourne `null` si le fichier à ouvrir est inexistant).

```
StreamWriter sw;

sw = OuvrirFichier("C:\\Mes documents\\Exemple.txt");
sw.WriteLine("Bonjour !");
```

Dans le cas où le fichier n'existe pas, tenter d'écrire la chaîne de caractères «Bonjour !» dans le fichier va provoquer une erreur d'exécution. Bien évidemment, il suffit au développeur de corriger ce problème en ajoutant une condition permettant de vérifier le résultat retourné par la méthode `OuvrirFichier()`.

```
StreamWriter sw;

sw = OuvrirFichier("C:\\Mes documents\\Exemple.txt");
if (sw == null)
{
    Console.WriteLine("Fichier inexistant !");
}
else
{
    sw.WriteLine("Bonjour !");
}
```

Cette correction n'apporte pas nécessairement une solution efficace au problème. En effet, dans le cas où la méthode `OuvrirFichier()` retourne `null`, un message est affiché sur la console pour prévenir l'utilisateur qu'il est impossible d'ouvrir le fichier. Mais après, est-ce que l'application va continuer de fonctionner ? L'écriture de la chaîne « Bonjour ! » dans le fichier n'est-elle pas importante pour la suite de l'exécution de l'application ? Pour bien gérer une erreur d'exécution, il faut s'assurer qu'après son traitement, l'application se trouve dans un état stable et que l'erreur précédemment traitée ne risque pas d'engendrer d'autres erreurs d'exécution.

Pour résoudre ce problème fastidieux et de manière fiable, le .NET Framework utilise le mécanisme des exceptions. La gestion des erreurs avec les exceptions se déroule en deux phases :

- On code uniquement le code fonctionnel ; si l'on s'aperçoit que le code se trouve dans un état incorrect (par exemple un diviseur à 0 ou un objet ayant une référence `null`), on signale une erreur dans l'application. C'est ce que l'on appelle la levée d'une exception.

- Si l'on souhaite traiter l'erreur (la levée d'une exception), on englobe la portion de code qui est susceptible de la déclencher et on traite l'erreur. Il est important d'être sûr qu'une fois l'erreur traitée, l'application repart dans un état stable.

Le deuxième point est facultatif. Dans le cas où aucun code n'est capable de traiter une exception, l'application est automatiquement arrêtée par le système d'exploitation. Cet arrêt « brutal » de l'application évite d'exécuter une application instable produisant et utilisant des données incohérentes.

Lors de la levée d'une exception, il est possible de passer des informations complémentaires au code qui est susceptible de traiter l'exception. Ces informations doivent être contenues dans une classe héritant de la classe `System.Exception` du .NET Framework.

Déclencher une exception

```
throw <exception>;
```

Le déclenchement d'une exception se fait à l'aide du mot-clé `throw`. Il est suivi d'une instance d'une classe héritant de la classe `System.Exception`.

L'exemple suivant illustre la levée d'une exception une méthode `Diviser()` dans le cas où le diviseur vaut 0.

```
static int Diviser(int a, int b)
{
    if (b == 0)
    {
      throw new Exception("Division par 0 impossible");
    }

    return a / b;
}
```

Voici maintenant un code utilisant cette méthode dans un `Main()` :

```
static void Main(string[] args)
{
    int résultat;

    résultat = Diviser(10, 0);
    Console.WriteLine("Le résultat est égal à " +
      ➥résultat);
}
```

Si maintenant on exécute le programme, voici ce qui s'affichera sur la console :

```
Exception non gérée : System.Exception: Division par 0
impossible à
   Program.Diviser(Int32 a, Int32 b) dans
C:\...\Program.cs:ligne 9
   à Program.Main(String[] args) dans
C:\...\Program.cs:ligne 19
```

Remarquez que la ligne qui devait afficher le résultat n'a pas été exécutée.

Capturer une exception

```
try
{
    // Code susceptible de déclencher une exception
}
catch(<type d'exception> [<nom paramètre>])
{
    // Traitement de l'exception
}
[catch(<autre type d'exception> [<nom paramètre>])
{
    // Traitement d'une autre exception
}]
```

Le code qui est susceptible de déclencher une exception doit être entouré dans un bloc précédé par le mot-clé `try`. Lors de la levée d'une exception dans ce bloc, le bloc `catch` associé sera exécuté.

Attention

Après l'exécution d'un bloc `catch`, l'exécution du code ne revient en aucun cas en arrière dans le bloc `try`. Le code poursuit son exécution normale après le bloc `catch`.

L'exemple suivant illustre le traitement de la levée d'une exception dans la méthode `Diviser()` de l'exemple précédent.

```
int résultat;

try
{
    résultat = Diviser(10, 0);
    Console.WriteLine("Le résultat est égal à " +
      ➥résultat);
}
catch (Exception)
{
    Console.WriteLine("Une erreur s'est produite");
}
```

Remarquez que l'affichage du résultat se fait aussi dans le bloc `try`. À l'exécution, cela produira sur la console :

```
Une erreur s'est produite
```

Différentes exceptions peuvent se produire dans un bloc `try`. Il est possible dans ce cas d'utiliser plusieurs blocs `catch` afin de traiter différents cas d'exception.

L'exemple suivant illustre le traitement de deux exceptions, l'une de type `FileNotFoundException` provoquée par l'ouverture d'un fichier inexistant, l'autre de type `Exception` se produisant dans tous les autres cas.

```
try
{
    EcrireFichier();

    résultat = Diviser(10, 0);

    Console.WriteLine("Le résultat est égal à " +
      ➥résultat);
}
catch (FileNotFoundException)
{
    Console.WriteLine("Fichier inexistant");
}
catch (Exception)
{
    Console.WriteLine("Une erreur s'est produite");
}
```

Lorsque vous traitez plusieurs exceptions, le runtime du .NET Framework exécutera le bloc `catch` dont le type de l'exception est la plus spécifique dans la hiérarchie d'héritage de la classe `System.Exception` en partant de haut en bas dans l'ordre des blocs `catch`.

Dans l'exemple précédent, si une exception de type `NullReferenceException` (héritant bien évidemment de `Exception`) est déclenchée, le bloc `catch` traitant l'exception de type `FileNotFoundException` ne sera pas exécuté. En revanche le bloc `catch` traitant les exceptions de type `Exception` sera quant à lui exécuté.

Inversons maintenant l'ordre des blocs `catch` de l'exemple précédent.

```
try
{
    EcrireFichier();

    résultat = Diviser(10, 0);

    Console.WriteLine("Le résultat est égal à " +
      ➥résultat);
}
catch (Exception)
{
    Console.WriteLine("Une erreur s'est produite");
}
catch (FileNotFoundException)
{
    Console.WriteLine("Fichier inexistant");
}
```

Le deuxième bloc `catch` ne sera jamais exécuté. En effet, lors de la levée d'une exception de type `FileNotFoundException`, le premier bloc `catch` permet de traiter toutes les exceptions de type `Exception`. Or `FileNotFoundException` hérite de `Exception`, c'est donc le premier bloc `catch` qui sera exécuté.

Lorsque vous traitez plusieurs types d'exceptions, veuillez à traiter les exceptions les plus spécifiques d'abord et ensuite les exceptions les plus génériques.

Lors de la levée d'une exception avec le mot-clé `throw`, une instance de la classe `Exception` doit être spécifiée. Cette instance contient des informations sur l'exception pouvant être récupérée dans le bloc `catch` en donnant un nom au paramètre de l'exception.

L'exemple suivant illustre l'utilisation d'un paramètre d'une exception permettant d'afficher le message spécifié au moment du déclenchement de l'exception.

```
try
{
    throw new Exception("Une erreur s'est produite");
}
catch (Exception e)
{
    Console.WriteLine(e.Message);
}
```

Les membres contenus dans la classe `Exception` sont présentés en détail dans la section « Propriétés et méthodes de la classe `Exception` » de ce chapitre.

Attention

N'utilisez pas les exceptions pour tester l'état d'un objet. Par exemple, la méthode `File.Open()` du .NET Framework déclenche une exception si le fichier spécifié est inexistant. Préférez l'utilisation d'une méthode permettant de retourner l'état d'un objet (par exemple `File.Exists()`) et réalisez un test sur l'état de l'objet obtenu avec une instruction conditionnelle `if`.

La clause *finally*

```
try
{
  // Code susceptible de déclencher une exception
}
catch (<exception> <nom paramètre>)
{
  // Traitement de l'exception
}
finally
{
  // Code exécuté après la sortie du bloc try ou catch
}
```

La clause `finally` permet d'exécuter du code lors de la sortie du bloc `try` ou `catch`. Le bloc `finally` permet le plus souvent de libérer une ressource en cas de levée ou non d'une exception dans le bloc `try` associé.

Voici un exemple illustrant l'utilisation de la clause `finally`.

```
try
{
    throw new Exception("Une exception...");
    Console.WriteLine("Je suis dans le bloc try");
}
catch (Exception)
{
    Console.WriteLine("Je suis dans le bloc catch");
}
finally
{
    Console.WriteLine("Je suis dans le bloc finally");
```

Le résultat produit sur la console est le suivant :

```
Je suis dans le bloc catch
Je suis dans le bloc finally
```

L'exécution du bloc `try` dans l'exemple précédent lève une exception ; on passe alors au bloc `catch`. Une fois le bloc `catch` exécuté, on passe dans le bloc `finally`.

Si l'on supprime la levée de l'exception dans le bloc `try`, le résultat produit sur la console est le suivant :

```
Je suis dans le bloc try
Je suis dans le bloc finally
```

Qu'une exception soit déclenchée ou non, le bloc `finally` sera toujours appelé en sortie du bloc `try` ou `catch`.

Info

En cas de déclenchement d'une exception dans le bloc `catch`, le flot d'exécution sort du bloc `catch`, le bloc `finally` est donc appelé.

Propriétés et méthodes de la classe *Exception*

```
// Message d'information sur l'exception
String Message { get; }
```

```
// Pile des appels de méthode où s'est produite
// l'exception
String StackTrace { get; }
```

```
// Contient l'exception qui a déclenché l'exception
Exception InnerException { get; }
```

```
// Obtenir la première exception à l'origine de
// l'exception
Exception GetBaseException();
```

La classe `Exception` contient des informations permettant d'aider les développeurs à comprendre et localiser le déclenchement d'une exception.

- La propriété `Message` de la classe `Exception` contient un message décrivant l'exception.
- La propriété `InnerException` contient une référence vers une exception à l'origine de la nouvelle exception. En cas de déclenchement successif d'une exception, il est possible de remonter à l'exception d'origine. La méthode `GetBaseException()` permet d'accéder directement à l'exception d'origine en remontant toutes les exceptions à l'aide de la propriété `InnerException`.
- Les propriétés `Message` et `InnerException` doivent être spécifiées par l'utilisateur au moment de l'instanciation de la classe `Exception` avant la levée d'une exception avec le mot-clé `throw`.

- La propriété `StackTrace` est une propriété automatiquement alimentée par le runtime du .NET Framework, qui contient la liste des appels des méthodes permettant de localiser précisément dans le code où s'est déclenchée l'exception.

L'exemple suivant illustre le déclenchement d'une exception contenant un message « Une exception ». Cette exception est ensuite traitée dans un bloc `catch`, qui redéclenche une nouvelle exception associée à la précédente contenant le message « Autre exception ».

```
try
{
   try
   {
      // Spécifier le message : "Une exception"
      throw new Exception("Une exception");
   }
   catch (Exception e)
   {
      // Redéclencher une exception en spécifiant le
      // message "Autre exception" et en indiquant que
      // l'exception d'origine (InnerException) est "e"
      throw new Exception("Autre exception", e);
   }
}
catch (Exception e)
{
   Console.WriteLine("Message : " + e.Message);
   Console.WriteLine("StackTrace : ");
   Console.WriteLine(e.StackTrace);
   Console.WriteLine("****** Exception interne ******")
   Console.WriteLine("Message: " +
     ➥e.InnerException.Message));
   Console.WriteLine("StackTrace : ");
   Console.WriteLine(e.InnerException.StackTrace);
}
```

Le résultat produit sur la console est le suivant :

```
Message : Autre exception
StackTrace :
   à Program.Main(String[] args) dans C:\..\Program.cs:ligne 24
****** Exception interne ******
Message : Une exception
StackTrace :
   à Program.Main(String[] args) dans C:\...\Program.cs:ligne 16
```

Remarquez que la propriété `StackTrace` précise le nom du fichier source ainsi que le numéro de la ligne permettant de localiser l'exception.

Attention

Lorsque vous déclenchez une exception, faites attention aux informations que vous divulguez dans la propriété `Message`. Souvent, le contenu des exceptions est enregistré dans des fichiers logs (le journal d'événements Windows par exemple). Les informations contenues dans les exceptions sont incompréhensibles pour les non-informaticiens, mais des personnes compétentes et mal intentionnées pourraient se servir de ces informations pour trouver une faille dans votre application...

Propager une exception après sa capture

```
try
{
    // Code susceptible de déclencher une exception
}
catch (Exception)
{
    // Traiter l'exception
    throw;
}
```

Parfois, en traitant une exception, il est nécessaire de réaliser certaines actions (la libération d'une ressource par exemple) et de continuer à propager l'exception sans changer les informations contenues dans celle-ci.

La première idée consiste tout simplement à déclencher à nouveau l'exception en utilisant le paramètre de l'exception.

```
catch (Exception e)
{
    // Libérer les ressources
    throw e;
}
```

En cas d'exception, l'exécution du code précédent va déclencher la même exception avec les mêmes informations contenues dans celle-ci, excepté la propriété `StackTrace` qui sera automatiquement régénérée par le runtime du .NET Framework avec comme emplacement d'origine la ligne où a été de nouveau déclenché l'exception. On perd ainsi la trace de l'emplacement d'origine où s'est réellement déclenchée l'exception.

Pour propager réellement l'exception tout en préservant le `StackTrace`, il faut utiliser le mot-clé `throw` tout seul.

L'exemple suivant illustre l'utilisation du mot-clé `throw` sans utiliser le paramètre de l'exception du bloc `catch`.

```
static void DéclencherException()
{
    throw new Exception("Une exception");
}

static void Main(string[] args)
{
    try
    {
```

```
        try
        {
            DéclencherException();
        }
        catch (Exception e)
        {
          Console.WriteLine("Libération des ressources");
          throw;
        }
    }
    catch (Exception e)
    {
        Console.WriteLine("Message : " + e.Message);
        Console.WriteLine("StackTrace : ");
        Console.WriteLine(e.StackTrace);
    }
}
```

Le résultat produit sur la console est le suivant :

```
Libération des ressources
Message : Une exception
StackTrace :
   à Program.DéclencherException() dans C:\...\Program.cs:ligne 11
   à Program.Main(String[] args) dans C:\...\Program.cs:ligne 25
```

On constate que la pile des appels des méthodes contient tout en haut la méthode `DéclencherException()` qui est l'origine réelle de l'exception.

On modifie maintenant le bloc `catch` en ajoutant le paramètre d'exception.

```
catch (Exception e)
{
    Console.WriteLine("Libération des ressources");
    throw e;
}
```

Le résultat produit sur la console est maintenant le suivant :

```
Libération des ressources
Message : Une exception
StackTrace :
   à Program.Main(String[] args) dans C:\Temp\
ConsoleApplication7\Program.cs:ligne 25
```

On vient de perdre la méthode qui est réellement à l'origine de l'exception.

5

Les génériques

On souhaiterait créer une classe `Couple` contenant un couple de deux objets de même type (par exemple la classe `Personne`). Voici une première implémentation qui répondrait à ce problème.

```
class Couple
{
    private Personne premier;
    private Personne deuxième;

    public Couple(Personne premier, Personne deuxième)
    {
        this.premier = premier;
        this.deuxième = deuxième;
    }

    public Personne Premier
    {
        get { return this.premier; }
    }

    public Personne Deuxième
    {
        get { return this.deuxième; }
    }
}
```

Cette première version fonctionne sans problème et correspond parfaitement à notre objectif. Mais il est impossible de réutiliser cette classe pour d'autres types (par exemple la classe `Voiture`). Dans ce cas, il faudrait créer une deuxième classe, avec un nom différent, donc le code serait la copie conforme du code de cette classe, mais en changeant `Personne` par `Voiture`. Cette solution double le volume de code et pénalise donc la maintenance logicielle.

Une autre solution serait de considérer les deux éléments du couple comme des objets (`object`).

```
class Couple
{
    private object premier;
    private object deuxième;

    public Couple(object premier, object deuxième)
    {
        this.premier = premier;
        this.deuxième = deuxième;
    }

    public object Premier
    {
        get { return this.premier; }
    }

    public object Deuxième
    {
        get { return this.deuxième; }
    }
}
```

Ainsi, on a une seule classe `Couple` qui peut être utilisée avec n'importe quel type d'objet. Il existe cependant un gros défaut dans cette implémentation : la sécurité des types. En effet, avec l'implémentation de l'exemple précédent, il est possible de créer un couple constitué d'une `Personne` et d'un `Véhicule`. De plus, chaque fois que l'on veut récupérer l'un des composants du couple, un *cast* est nécessaire.

Pour pallier ce problème, les génériques sont disponibles depuis la version 2.0 de C# ; ils permettent de créer des classes paramétrées et offrent un moyen de réutiliser et typer fortement votre code.

Utiliser les classes génériques

```
// Déclarer une classe utilisant les génériques
class <nom><<nom type 1>[, ...]>
{
    // Utiliser le type générique dans un champ
    <visibilité> <nom type 1> <nom champ>;

    // Utiliser le type générique dans une
    // propriété
    <visibilité> <nom type 1> <nom propriété>
    {
        get { ... }
    }

    // Utiliser le type générique dans une méthode.
    // Les paramètres des méthodes peuvent utiliser
    // aussi le type générique
    <visibilité> <nom type 1> <nom méthode>
      ➥(<paramètres>)
    {
    }
}
```

```
// Instancier une classe générique
<nom><<type 1>> <instance>;
<instance> = new <nom><<type 1>>(<paramètres>);
```

Les génériques (paramètres de type) se déclarent après le nom de la classe en leur donnant un nom distinct (classiquement «T»). Une fois un paramètre de type déclaré, il suffit alors de l'utiliser à n'importe quel endroit du code de la classe.

Un paramètre de type est par défaut considéré comme un `object`. Il est donc impossible d'appeler des opérateurs, tels que l'addition, sur ces types.

L'exemple suivant illustre une version générique de la classe `Couple` présentée en introduction.

```
class Couple<T>
{
    private T premier;
    private T deuxième;

    public Couple(T premier, T deuxième)
    {
        this.premier = premier;
        this.deuxième = deuxième;
    }

    public T Premier
    {
        get { return this.premier; }
    }

    public T Deuxième
    {
        get { return this.deuxième; }
    }
}
```

Voici maintenant comment utiliser cette classe générique avec un couple de `Personne`.

```
Personne p1;
Personne p2;

// Déclaration d'un couple de Personne
Couple<Personne> couple;

p1 = new Personne("Aurélie");
p2 = new Personne("Gilles");

// Instanciation d'une couple de Personne
couple = new Couple<Personne>(p1, p2);

// Affichage du nom de la première personne
Console.WriteLine(couple.Premier.Nom);

// Affichage du nom de la deuxième personne
Console.WriteLine(couple.Deuxième.Nom);
```

C'est au moment de la déclaration et de l'instanciation que l'on spécifie les paramètres du type à utiliser.

Les propriétés `Premier` et `Deuxième` de la classe `Couple` retournent des objets de type `T` qui correspondent au paramètre du type `Couple`. Dans l'exemple précédent, le type `T` déclaré pour l'instance `couple` est de type `Personne`. L'appel aux propriétés `Premier` et `Deuxième` retourne donc des `Personne`, il n'y a donc aucun *cast* à réaliser et on peut accéder directement aux propriétés de la classe `Personne` (la propriété `Nom` dans le cas présent).

Bien évidemment, il est possible de créer dans le même code un autre couple d'un autre type ; il faudra par contre déclarer une nouvelle variable du type désiré. L'exemple qui suit illustre l'utilisation de deux types de couple dans le même code.

```
Personne p1;
Personne p2;
Voiture v1;
Voiture v2;

// Déclaration d'un couple de Personne et de Voiture
Couple<Personne> couple;
Couple<Voiture> autre;

p1 = new Personne("Aurélie");
p2 = new Personne("Gilles");
v1 = new Voiture("00-AAA-99");
v2 = new Voiture("55-ZZZ-33");

// Instanciation d'un couple de Personne
couple = new Couple<Personne>(p1, p2);
// Instanciation d'un couple de Voiture
voiture = new Couple<Voiture>(v1, v2);

// Affichage du nom et de l'immatriculation du premier
// composant des couples.
Console.WriteLine(couple.Premier.Nom);
Console.WriteLine(autre.Premier.Immatriculation);
```

Info

Les classes utilisant des génériques sont considérées comme des types différents par le runtime .NET, en fonction des valeurs des paramètres du type. Par exemple, le type `Couple<Voiture>` est différent du type `Couple<Personne>`.

Déclarer et utiliser des méthodes génériques

```
// Déclarer une méthode utilisant les génériques
<visibilité> <retour> <nom><<nom type 1>
  ➥[, ...]>([paramètres])
{
    // Code de la méthode
}
```

```
// Utiliser une méthode générique contenant au
// moins un paramètre utilisant un paramètre de type
// générique
valeur = <nom>([paramètres]);

// Utiliser une méthode générique ne contenant
// pas de paramètre utilisant un paramètre de type
// générique
valeur = <nom><<type 1>[, ...]>([paramètres]);
```

Comme pour les classes génériques, il est possible de définir des méthodes génériques permettant de typer les paramètres et la valeur de retour.

L'exemple suivant illustre une méthode générique permettant de remplir un tableau avec un objet spécifié.

```
static void Remplir<T>(T[] tableau, T objet)
{
    for (int i = 0; i < tableau.Length; i++)
    {
        tableau[i] = objet;
    }
}
```

L'avantage de rendre cette méthode générique est qu'elle force les développeurs à donner au paramètre `objet` un objet qui est identique à celui du tableau.

```
int[] t;

t = new int[10];

Remplir(t, 1664);// OK
Remplir(t, 'a'); // Ne compile pas car t est un
                 // tableau de int et objet est un char
```

Lors du passage du tableau en paramètre dans la méthode `Remplir()`, le compilateur sait que le paramètre de type `T` est de type `int`. C'est ce que l'on appelle l'inférence de type. L'inférence de type ne peut pas fonctionner dans les méthodes génériques qui ne contiennent pas au moins un paramètre utilisant le type générique. Pour pallier ce problème, il faut, au moment de l'appel de la méthode, spécifier explicitement le type du paramètre générique de la méthode.

L'exemple suivant illustre une méthode permettant de faire un *cast* d'un objet en un type spécifié en paramètre de type générique.

```
static void Caster<T>(object o)
{
    return (T)o;
}
```

Voici un exemple illustrant l'utilisation de la méthode générique de l'exemple précédent.

```
object o;

Personne p;
o = new Personne("Gilles");

p = Caster<Personne>(o);
```

Lors de l'appel de la méthode `Caster()`, il est nécessaire de spécifier le paramètre générique `Personne` car le compilateur n'est pas en mesure de le déduire.

Contraindre des paramètres génériques

```
// Déclarer une classe utilisant des génériques
// avec des contraintes
class <nom><<nom type 1>[, ...]>
    [where <contraintes>]
{
    // Code de la classe
}

// Déclarer une méthode utilisant des génériques
// avec des contraintes
<visibilité> <retour> <nom><<nom type 1>[,
  ➥ ...]>([paramètres])
    [where <contraintes>]
{
    // Code de la méthode
}
```

```
// Les différentes contraintes sur les paramètres
// génériques :

// Doit être une classe
where <nom type> : class

// Doit être une structure
where <nom type> : struct

// Doit avoir un constructeur sans paramètre public
where <nom type> : new()

// Doit être ou dériver de la classe spécifiée
where <nom type> : <nom classe>
```

```
// Doit être ou implémenter l'interface spécifiée
where <nom type> : <nom interface1>

// Doit être ou dériver d'un autre type générique
where <nom type> : <autre nom type générique>
```

Les contraintes sur les paramètres de type permettent de restreindre les arguments de type générique d'une classe ou d'une méthode. Si cette restriction n'est pas respectée, il en résultera une erreur de compilation.

Par exemple, en appliquant la contrainte suivante dans la classe `Couple` :

```
class Couple<T> where T : Personne
```

il n'est possible que de déclarer des couples de `Personne` ou dérivant de la classe `Personne` (on suppose que la classe `Homme` hérite de la classe `Personne`).

```
Couple<Personne> c1; // Correct
Couple<Homme> c2;  // Correct (Homme hérite de Personne)

// La déclaration suivante provoquera une erreur
// de compilation
Couple<Chien> c3;  // Chien n'hérite pas de Personne
```

Lors de l'application d'une contrainte sur un argument de type, il devient possible pour ce type d'utiliser les membres se rapportant aux contraintes appliquées. Par exemple, si l'on applique la contrainte précédente sur le type `T` de la classe `Couple`, `T` étant forcément de type `Personne` (dérivé ou non), il est donc permis d'utiliser les membres de `Personne` sur les instances de type `T` contenues dans la classe `Couple`.

```
class Couple<T> where T : Personne
{
   private T premier;
   ...
   void AfficherNomPremier()
   {
      // Le champ premier est de type T et donc une
      // Personne d'après la contrainte. Il est donc
      // possible d'utiliser la propriété Nom.
      Console.WriteLine(this.premier.Nom);
   }
}
```

Utiliser le mot-clé *default*

```
<nom argument type> <instance> =
  ➥default (<nom argument type>);
```

Lors de l'utilisation d'un paramètre générique, il est impossible de savoir si le type de ce paramètre est de type référence (`class`) ou de type valeur (`struct`). Il n'est donc pas possible, par exemple, d'initialiser une référence à une variable de type générique à `null`.

L'exemple suivant illustre ce problème.

```
class Generique<T>
{
    public void Exemple()
    {
        T a;
        a = null; // Erreur de compilation
    }
}
```

Dans cet exemple, la variable `a` est de type `T`, et `T` peut être soit un type référence (par exemple `Personne`) soit un type valeur (par exemple `int`). L'affectation à `null` d'une variable de type `T` est incorrecte dans le cas où `T` est de type valeur. Pour pallier ce problème, on peut utiliser le mot-clé `default` qui permet de récupérer la valeur `null` pour les types référence et la valeur par défaut pour les types valeur.

```
class Generique<T>
{
    public void Exemple()
    {
        T a;
        a = default(T); // Erreur de compilation
    }
}
```

Il est tout à fait possible d'utiliser des contraintes sur les arguments de type pour pallier ce problème, mais il faudra choisir si le type `T` doit être de type référence ou de type valeur. Cela ne permet donc pas de créer une classe générique permettant de manipuler à la fois les deux types de classe.

Utiliser les délégués génériques (.NET 3.5)

```
// Délégués génériques ne retournant aucune valeur
delegate void Action<[T1,[T2[,...]]]>([T1 arg1
   ➥[, T2 arg2[,...]]])
```

```
// Délégués génériques retournant une valeur
delegate TResult Func<[T1,[T2[,...]]], TResult>([T1
   ➥arg1[, T2 arg2[,...]]])
```

Les délégués génériques permettent d'utiliser directement des délégués sans les avoir préalablement définis. Ces délégués sont très utilisés pour les expressions lambda (voir Chapitre 2) et en particulier dans LINQ (voir Chapitre 7).

Tous les types des paramètres (s'ils existent) du délégué doivent être spécifiés dans les paramètres de type générique `T1`, `T2`, etc. Le délégué `Action` permet d'utiliser des délégués ne retournant aucune valeur.

L'exemple suivant illustre la déclaration d'une méthode `ExécuterAction` prenant en paramètre un délégué `Action` contenant trois entiers.

```
public void ExécuterAction(Action<int, int, int> action,
  ➥int valeur1, int valeur2, int valeur3)
{
   action(valeur1, valeur2, valeur3);
}
```

Voici maintenant un exemple d'utilisation de la méthode précédemment déclarée.

```
Action<int, int, int> uneAction;

uneAction = (e1, e2, e3) =>
{
    Console.WriteLine(e1);
    Console.WriteLine(e2);
    Console.WriteLine(e3);
};

ExécuterAction(uneAction, 51, 16, 64);
```

L'exemple suivant affiche sur la console les nombres 51, 16 et 64.

Le délégué `Func` permet d'utiliser des délégués retournant une valeur de type `TResult`. L'exemple suivant illustre la déclaration d'une méthode `ExécuterOpération` prenant en paramètre un délégué `Func` contenant deux entiers et retournant un `double`.

```
public int ExécuterOpération(Func<int, int, double>
➥opération, int valeur1, int valeur2)
{
   return (double)opération(valeur1, valeur2);
}
```

Voici maintenant un exemple d'utilisation de la méthode précédemment déclarée.

```
Func<int, int, double> uneOpération;
double résultat;

uneOpération = (e1, e2) => e1 + e2;

résultat = ExécuterOpération(uneOpération, 16, 64);
Console.WriteLine(résultat);
```

L'exemple suivant affiche sur la console le nombre 80.

Info

La version 3.5 du .NET Framework limite le nombre de paramètre à 8 pour le délégué générique `Func` et à 9 pour le délégué générique `Action`. Ces limites ont été repoussées à 16 dans la version 4.0 du .NET Framework pour les deux types de délégués.

Utiliser la *covariance* (C# 4.0)

```
// Déclarer un paramètre de type covariant dans
// une interface
<visibilité> interface <nom><out <paramètre type>, ...>
{
  // Déclaration des membres de l'interface.
  // Le type T doit être utilisé comme type de retour
  // d'une méthode, d'une propriété ou d'un événement.
}
```

```
// Déclarer un paramètre de type covariant dans
// un délégué
<visibilité> delegate <paramètre type covariant> <nom>
  ➥<out <paramètre type covariant>, ...>
  ➥([<paramètres>]);
```

La *covariance* permet d'effectuer des assignations très similaires au polymorphisme ordinaire sur des types génériques. Par exemple, on suppose que l'on dispose d'une classe de base `Véhicule` et d'une classe dérivée `Voiture`. Le polymorphisme permet d'assigner une instance de `Voiture` à une variable de type `Véhicule`.

```
Voiture voiture;
Véhicule véhicule;

voiture = new Voiture();
véhicule = voiture;
```

Grâce à la covariance, si l'on dispose d'une interface `ICouple<T>` avec `T` un type *covariant*, qui contient une propriété `Premier` retournant un objet de type `T`, il est alors possible d'écrire le code suivant :

```
Véhicule unVéhicule;
Voiture uneVoiture;
ICouple<Voiture> voitures;
ICouple<Véhicule> véhicules;
...
voitures.Premier = uneVoiture;
véhicules = voitures;
unVéhicule = véhicules.Premier;
```

Le polymorphisme agit alors sur les paramètres du type générique.

Pour définir qu'un paramètre générique est *covariant*, il faut le précéder du mot-clé `out`. Les paramètres génériques covariants ne peuvent être utilisés qu'avec des interfaces et des délégués.

Le paramètre de type covariant ne peut être utilisé que sur le type de retour d'un délégué ou sur des méthodes, propriétés et événements qui sont contenus dans une interface.

L'exemple suivant illustre une interface `ICouple<T>` avec `T` un type covariant. Une implémentation de cette interface est réalisée par la classe `Couple`.

```
interface ICouple<out T>
{
    T Premier
    {
        get;
    }

    T Deuxième
    {
        get;
```

```
    }
}

class Couple<T> : ICouple<T>
{
    private T premier;
    private T deuxième;

    public Couple(T premier, T deuxième)
    {
        this.premier = premier;
        this.deuxième = deuxième;
    }

    public T Premier
    {
        get { return this.premier; }
    }

    public T Deuxième
    {
        get { return this.deuxième; }
    }
}
```

Pour illustrer l'utilisation de l'interface `ICouple<T>` déclarée précédemment, il est nécessaire de déclarer deux classes dont l'une dérive de l'autre. Le code suivant représente la déclaration de deux classes `Voiture` et `Véhicule`.

```
class Véhicule
{
}

class Voiture : Véhicule
{
}
```

Il est maintenant possible d'utiliser le polymorphisme à travers les paramètres des types génériques.

```
Véhicule unVéhicule;
Voiture uneVoiture;
ICouple<Voiture> voitures;
ICouple<Véhicule> véhicules;

uneVoiture = new Voiture();
voitures = new Couple<Voiture>(voiture, new Voiture());
véhicules = voitures;
unVéhicule = véhicules.Premier;
```

Pour les délégués, il est aussi possible d'utiliser la covariance. L'exemple suivant illustre la déclaration d'un délégué générique utilisant la covariance ainsi qu'une méthode `CréerVoiture()` respectant le prototype du délégué `ActionGénérique<Voiture>`.

```
// Définition du délégué générique
delegate T ActionGénérique<out T>();

// Définition d'une méthode respectant le prototype :
// ActionGénérique<Voiture>
static Voiture CréerVoiture()
{
    return new Voiture();
}
```

Le code qui suit illustre l'utilisation du délégué et de la méthode tous deux déclarés précédemment.

```
ActionGénérique<Véhicule> action;
Véhicule véhicule;

action = new ActionGénérique<Véhicule>(CréerVoiture);
véhicule = action();
```

Grâce à la covariance, il est possible d'affecter à une variable de type `ActionGénérique<Véhicule>` une méthode respectant le prototype d'un délégué de type `ActionGénérique<Voiture>`.

Info

La covariance est très utilisée par les expressions lambda (voir Chapitre 2).

Utiliser la *contravariance* (C# 4.0)

```
// Déclarer un paramètre de type contravariant
// dans une interface
<visibilité> interface <nom><in <paramètre type>, ...>
{
   // Déclaration des membres de l'interface. Le
   // type T doit être utilisé comme type de paramètre
   // d'une méthode, d'un indexeur ou d'un événement.
}
```

```
// Déclarer un paramètre de type contravariant
// dans un délégué
<visibilité> delegate <type retour> <nom>
  ➥<in <paramètre type covariant>, ...>
  ➥([<paramètres (contravariant ou non)>]);
```

La *contravariance* permet d'effectuer des assignations très similaires au polymorphisme ordinaire sur des types génériques. Par exemple, on suppose que l'on dispose d'une classe de base `Véhicule` et d'une classe dérivée `Voiture`. Le polymorphisme permet d'assigner une instance de `Voiture` à une variable de type `Véhicule`.

```
Voiture voiture;
Véhicule véhicule;

voiture = new Voiture();
véhicule = voiture;
```

Grâce à la contravariance, si l'on dispose d'une interface `IAction<T>` avec `T` un type *covariant* contenant une méthode `FaireAction(T)`, il est alors possible d'écrire le code suivant.

```
Voiture uneVoiture;
IAction<Voiture> actionVoiture;
IAction<Véhicule> actionVéhicules;
...
uneVoiture = new Voiture();
actionVéhicules = new UneAction<Vehicule>();

actionVoiture = actionVéhicules;
actionVoiture.FaireAction(uneVoiture);
```

Le polymorphisme agit alors sur les paramètres du type générique.

Pour définir qu'un paramètre générique est contravariant, il faut le faire précéder du mot-clé `in`. Les paramètres génériques contravariants ne peuvent être utilisés qu'avec des interfaces et des délégués.

Le paramètre de type contravariant ne peut être utilisé que sur les types des paramètres d'un délégué ou sur les méthodes, indexeurs et événements qui sont contenus dans une interface.

L'exemple suivant illustre une interface `IAction<T>` avec `T` un type contravariant. Une implémentation de cette interface est réalisée par la classe `AfficherSurConsole`.

```
interface IAction<in T>
{
    void FaireAction(T objet);
}

public class AfficherSurConsole<T> : IAction<T>
{
    public void FaireAction(T objet)
    {
        Console.WriteLine(objet);
    }
}
```

Pour illustrer l'utilisation de l'interface `IAction<T>` déclarée précédemment, il est nécessaire de déclarer deux classes dont l'une dérive de l'autre. Le code suivant représente la déclaration de deux classes `Voiture` et `Véhicule`.

```
class Véhicule
{
}

class Voiture : Véhicule
{
}
```

Il est maintenant possible d'utiliser le polymorphisme à travers les paramètres des types génériques.

```
Voiture voiture;
IAction<Voiture> actionVoiture;
IAction<Véhicule> actionVéhicule;

voiture = new Voiture();
actionVéhicule = new AfficherSurConsole<Véhicule>();

actionVoiture = actionVéhicule;
```

```
// La méthode FaireAction() n'est maintenant utilisable
// qu'avec des types Voiture
actionVoiture.FaireAction(voiture);
```

Pour les délégués, il est aussi possible d'utiliser la contravariance. L'exemple suivant illustre la déclaration d'un délégué générique utilisant la contravariance ainsi qu'une méthode `AfficherVéhicule(Véhicule)` respectant le prototype du délégué `ActionGénérique<Voiture>`.

```
delegate void ActionGénérique<in T>(T objet);

static void AfficherVéhicule(Véhicule véhicule)
{
    Console.WriteLine(véhicule);
}
```

Le code qui suit illustre l'utilisation du délégué et de la méthode déclarés précédemment.

```
ActionGénérique<Voiture> action;
Voiture voiture;

voiture = new Voiture();

action = new ActionGénérique<Voiture>(AfficherVéhicule);
action(voiture);
```

Grâce à la contravariance, il est possible d'affecter à une variable de type `ActionGénérique<Voiture>` une méthode respectant le prototype d'un délégué de type `ActionGénérique<Véhicule>`.

Info

La contravariance est très utilisée par les expressions lambda (voir Chapitre 2).

6

Les chaînes de caractères

Les chaînes de caractères sont représentées par des instances de la classe `System.String` du .NET Framework. Les instances de cette classe sont immuables, c'est-à-dire que la création d'une nouvelle chaîne (suite à une concaténation par exemple), nécessite la création d'une nouvelle instance de la classe `String`.

La classe `String` contient en interne un tableau de `char`, c'est-à-dire un tableau de caractères ; les caractères d'une chaîne sont donc indicés en partant de 0.

Les caractères étant au format Unicode UTF-16, les chaînes de caractères en .NET sont donc toujours au format Unicode UTF-16.

Une chaîne de caractères peut être vide, c'est-à-dire d'une longueur à 0.

En C#, le mot-clé `string` est un raccourci pour la classe `System.String`.

Créer une chaîne de caractères

```
// Déclarer une chaîne de caractères
string <nom variable>;
// Affecter une chaîne de caractères
<nom variable> = "<chaîne>";
```

```
// Caractères d'échappement
"\t"            // Tabulation
"\n"            // Saut de ligne
"\r"            // Retour chariot
"\""            // Caractère "
"\'"            // Caractère '
"\\"            // Caractère "
"\uXXXX"        // Caractère Unicode XXXX (hexadécimal)
```

```
// Opérateur verbatim
<nom variable> = @"<chaîne sans caractères
  ➥d'échappement>";
```

Une chaîne de caractères est stockée dans une variable de type `string` (équivalent à un alias vers `System.String`). Pour créer une chaîne de caractères, il suffit d'écrire une suite de caractères comprise entre guillemets `"`.

```
string s;
s = "*** Bonjour tout le monde ! ***"
```

Certains caractères ne sont pas autorisés ou ne peuvent pas être spécifiés (car non affichables) entre les guillemets. Le caractère antislash `\` et la tabulation en sont de très bons exemples. Pour les représenter dans une chaîne de caractères, il faut utiliser des caractères d'échappement. Les caractères d'échappement commencent par un antislash `\` et sont suivis d'une lettre. Voici un exemple qui utilise des caractères d'échappement.

```
Console.WriteLine("Une tabulation \t avec antislash \\")
```

Le résultat produit sur la console est le suivant :

```
Une tabulation     avec antislash \
```

Pour spécifier un caractère particulier en fonction de son code Unicode, il faut utiliser le caractère d'échappement `\u` suivit du code en hexadécimal du caractère à afficher. L'exemple suivant crée une chaîne de caractères contenant le caractère 0021 qui correspond au point d'exclamation `!`.

```
s = "Le caractère : \u0021"
```

Dans certains cas, le fait d'utiliser trop de caractères d'échappement peut rendre difficile la lecture d'une chaîne de caractères dans le code :

```
s = "C:\\Users\\Gilles.Tourreau\\Documents\\Livre"
```

Pour pallier ce problème, le C# dispose d'un opérateur `@` appelé *verbatim*. Cet opérateur se place au début de la chaîne de caractères et permet d'éviter d'écrire des caractères d'échappement. Voici la même chaîne que précédemment mais composée à l'aide de l'opérateur *verbatim* :

```
s = @"C:\Users\Gilles.Tourreau\Documents\Livre"
```

Obtenir la longueur d'une chaîne de caractères

```
public int Length { get; }
```

La propriété `Length` permet de récupérer la longueur d'une chaîne de caractères. Les chaînes de caractères vides ont une longueur de 0.

L'exemple suivant illustre la récupération de la longueur d'une chaîne de caractères « Bonjour ! ».

```
string chaîne = "Bonjour !";
int longueur = chaîne.Length;          // Retourne 9
```

Obtenir un caractère

```
public char this[int index] { get; }
```

Les chaînes de caractères sont contenues dans des tableaux de `char`, il est possible de récupérer un caractère de ce tableau en utilisant l'opérateur `[]`.

L'exemple suivant illustre la récupération du 4e caractère (à l'index 3 de la chaîne de caractères).

```
string chaîne = "Bonjour !";
char caractère = c[3];       // Retourne le caractère 'j'
```

Comparer deux chaînes de caractères

```
int static Compare(string s1, string s2);
int static Compare(string s1, string s2,
  ➥bool ignorerCasse);
int static Compare(string s1, string s2,
  ➥StringComparison typeComparaison);
int static Compare(string s1, string s2,
  ➥bool ignorerCasse, CultureInfo culture);
int static Compare(string s1, int index1, string s2,
  ➥ int index2, int longueur);
int static Compare(string s1, int index1, string s2,
  ➥int index2, int longueur, bool ignorerCasse);
int static Compare(string s1, int index1, string s2,
  ➥int index2, int longueur);
int static Compare(string s1, int index1, string s2,
  ➥int index2, int longueur, String typeComparaison);
int static Compare(string s1, int index1, string s2,
  ➥int index2, int longueur, bool ignorerCasse,
  ➥CultureInfo culture);
```

```
// Obtenir la culture spécifiée
CultureInfo static CultureInfo.GetCultureInfo(string
  ➥ nom);
```

Les différentes surcharges de la méthode statique `Compare()` permettent de comparer deux chaînes de caractères `s1` et `s2`.

Les paramètres `index1` et `index2` permettent de spécifier une position où la comparaison doit commencer dans les chaînes `s1` et `s2`, respectivement. Le paramètre `longueur` permet de spécifier la longueur des deux chaînes sur laquelle s'applique la comparaison.

Toutes les surcharges de la méthode `Compare()` retournent :

- 0 si les deux chaînes de caractères sont identiques ;
- < 0 si la chaîne `s1` est inférieure à `s2` ;
- > 0 si la chaîne `s1` est supérieure à `s2`.

Les relations d'ordres dépendent des options spécifiées dans les paramètres `ignorerCasse`, `typeComparaison` et `culture` :

- `ignorerCasse` : indique si la comparaison tient compte de la casse ;
- `culture` : indique la culture à utiliser pour effectuer la comparaison ;
- `typeComparaison` : indique le type de comparaison à réaliser. Les valeurs possibles sont données au Tableau 6.1.

Tableau 6.1 : Valeurs de l'énumération *StringComparison*

Valeur	Description
`CurrentCulture`	Compare les chaînes en utilisant les règles de tri de la culture courante.
`CurrentCultureIgnoreCase`	Compare les chaînes en utilisant les règles de tri de la culture courante et sans tenir compte de la casse.
`InvariantCulture`	Compare les chaînes en utilisant les règles de tri de la culture «invariante».
`InvariantCultureIgnoreCase`	Compare les chaînes en utilisant les règles de tri de la culture «invariante» et sans tenir compte de la casse.
`Ordinal`	Compare les chaînes en utilisant les règles de tri ordinal.
`OrdinalIgnoreCase`	Compare les chaînes en utilisant les règles de tri ordinal et sans tenir compte de la casse.

Dans le .NET Framework, la classe `System.Globalization.CultureInfo` décrit une culture d'une langue d'un pays. Elle contient des informations sur les règles de tri des caractères. Une instance de cette classe peut être obtenue en utilisant la méthode static `GetCultureInfo()` en spécifiant en paramètre la culture à récupérer.

L'exemple suivant illustre la récupération de différentes cultures.

```
CultureInfo c;

// Récupère la culture française de la France
c = CultureInfo.GetCultureInfo("fr-FR");

// Récupère la culture anglaise des États-Unis
c = CultureInfo.GetCultureInfo("en-US");
```

La culture dite «invariante» est une culture associée à la langue anglaise mais elle n'est associée à aucun pays.

En spécifiant une culture à la méthode `Compare()`, vous imposez les règles de tri associées à cette culture. Les règles de tri respectent le plus souvent l'ordre lexicographique du dictionnaire de la langue de la culture associée.

Si vous utilisez le tri ordinal, `Compare()` effectue une comparaison binaire, c'est-à-dire en comparant la valeur du code Unicode de chaque caractère.

Si les précédents paramètres ne sont pas spécifiés, la méthode `Compare()` utilise par défaut les règles de tri de la culture courante en tenant compte de la casse.

L'exemple suivant illustre trois comparaisons de chaînes de caractères. La première utilise des règles de tri de la culture en cours d'exécution en tenant compte de la casse, la deuxième utilise aussi les règles de tri de la culture en cours d'exécution mais sans tenir compte de la casse, la deuxième utilise le tri ordinal.

```
// Affiche une valeur négative, car 'coeur' < 'Cœur'
Console.WriteLine(String.Compare("coeur", "Cœur",
  ➥StringComparison.CurrentCulture));

// Affiche 0, car 'coeur' = 'Cœur' (Ignore la casse)
Console.WriteLine(String.Compare("coeur", "Cœur",
  ➥StringComparison.CurrentCultureIgnoreCase));
// Affiche une valeur négative, car le code du caractère
// 'o' (0x06F) est inférieur au caractère 'œ' (0x153)
Console.WriteLine(String.Compare("Coeur", "Cœur",
  ➥StringComparison.Ordinal));
```

Remarquez que la méthode `Compare()` considère le caractère *œ* et les caractères *o* et *e* comme identique si l'on utilise les règles de tri de la langue courante (la langue courante dans cet exemple est la langue française).

Attention

Il est possible de comparer des chaînes de caractères avec le tri ordinal en utilisant les opérateurs ==, !=, <, <=, >=, > et la méthode `String.Equals()`. Il est fortement déconseillé d'utiliser ces opérateurs et cette méthode, car ils ne spécifient pas explicitement le type de comparaison effectué entre deux chaînes de caractères, rendant ainsi le code plus difficile à comprendre.

Concaténer deux chaînes de caractères

```
string static Concat(string s1, string s2);
string s = s1 + s2;
```

La concaténation peut être réalisée soit en utilisant la méthode `Concat()` soit avec l'opérateur `+`.

La concaténation crée une nouvelle instance de la `String`. Un grand nombre de concaténations (par exemple dans une boucle) peut pénaliser les performances du processeur et aussi de la mémoire. Il est fortement conseillé d'utiliser la classe `StringBuilder` qui a pour vocation la construction de chaînes de caractères issues de multiples concaténations.

L'exemple suivant illustre la concaténation de trois chaînes de caractères en utilisant la méthode `Concat()` et l'opérateur `+`.

```
string s;

s = String.Concat("Bonjour", " tout le");
s = s + " monde !";

Console.WriteLine(s);
// Affiche "Bonjour tout le monde !"
```

Extraire une sous-chaîne de caractères

```
string Substring(int début);
string Substring(int début, int longueur);
```

La méthode `Substring()` extrait une partie d'une instance d'une chaîne de caractères. Le premier paramètre indique la position de départ de la chaîne à extraire, le deuxième la longueur de la chaîne à récupérer. Si la longueur n'est pas spécifiée, la chaîne est extraite de la position spécifiée dans le paramètre début jusqu'à la fin de la chaîne de caractères.

L'exemple suivant montre comment extraire le mot « tout » dans la chaîne de caractères « Bonjour tout le monde ! ».

```
string s;

s = "Bonjour tout le monde !";
s = s.Substring(8, 4); // La variable s contient "tout"
```

Rechercher une chaîne de caractères dans une autre

```
int IndexOf(string valeur);
int IndexOf(string valeur, StringComparison
  ➥typeComparaison);
int IndexOf(string valeur, int début);
int IndexOf(string valeur, int début,
  ➥StringComparison typeComparaison);
```

```
int LastIndexOf(string valeur);
int LastIndexOf(string valeur, StringComparison
  ➥typeComparaison);
int LastIndexOf(string valeur, int début);
int LastIndexOf(string valeur, int début,
  ➥StringComparison typeComparaison);
```

La méthode `IndexOf()` recherche dans une instance d'une chaîne de caractères la première position de la chaîne spécifiée dans le paramètre `valeur`. Si la chaîne recherchée est trouvée, la méthode `IndexOf()` retourne la position (index) de la première lettre du mot trouvé. Si la chaîne n'est pas rencontrée, la méthode `IndexOf()` retourne –1.

La méthode `LastIndexOf()` recherche une chaîne de caractères en partant de la fin.

Le paramètre `début` permet de spécifier l'index de départ où doit commencer la recherche. Si ce paramètre est non spécifié, la recherche commence au début de la chaîne (à la fin de la chaîne pour la méthode `LastIndexOf()`).

Le paramètre `typeComparaison` permet de spécifier le type de comparaison à utiliser pour rechercher la chaîne de caractères (voir Tableau 6.1).

L'exemple suivant illustre la recherche de la chaîne « ou » dans la chaîne de caractères « Bonjour tout le monde ! ». La recherche s'effectue dans une boucle tant que la méthode `String.IndexOf()` ne retourne pas –1.

```
int position;
string s;

s = "Bonjour tout le monde !";

// Rechercher le premier "ou"
position = s.IndexOf("ou");

// Tant que String.IndexOf() n'a pas retourné -1...
while (position != -1)
{
    // Afficher la position trouvée
    Console.WriteLine(position);

    // Recherche la position suivante de la chaîne "ou"
    position = s.IndexOf("ou", position + 1);
}
```

Formater une chaîne de caractères

```
string static Format(string chaîneComposite,
   ➥params object[] arguments);
```

La méthode statique `Format()` permet de mettre en forme à l'aide de la *chaîne de format composite* spécifiée les objets contenus dans le tableau du paramètre `arguments`.

Une *chaîne de format composite* est une chaîne composée de texte fixe mélangée avec plusieurs éléments de format. Un élément de format correspond à un objet contenu dans le tableau du paramètre `arguments`.

Les éléments de format sont de la forme :

```
{index[,[signe]alignement]:[format]}
```

- `index` : est un nombre commençant à 0 permettant d'identifier l'élément à formater dans le tableau `arguments` ;
- `alignement` : est un entier indiquant la largeur du champ à mettre en forme. Si cette valeur est supérieure à la longueur de l'élément de format formaté, des espaces sont automatiquement ajoutés ;
- `signe` : `+` pour indiquer que l'élément de format doit être aligné à droite, `-` pour aligner l'élément de format à gauche. Par défaut, l'élément de format est aligné à droite si `signe` n'est pas spécifié ;
- `format` : chaîne de format spécifique à l'objet à formater.

La composante `format` d'un élément de format dépend du type de données à formater. Les tableaux suivants indiquent une partie des différents formats pris en charge en fonction du type de données à formater.

Tableau 6.2 : Les différentes valeurs de format pour les valeurs numériques

Valeur	Description
C ou c	Monétaire (par exemple : 9,4 €)
D ou d	Décimal standard (par exemple : 9,4)
E ou e	Scientifique (par exemple : 9,4e3)
F ou f	Virgule fixe (par exemple : 9,40)
G ou g	Général (convertit dans le format le plus compact possible)
N ou n	Numérique standard (par exemple : 9,4)
P ou p	Pourcentage (par exemple : 9,4%)
R ou r	Aller-retour (garantit les conversions de chaîne vers numérique et inversement)
X ou x	Hexadécimal (par exemple : F4)

Tableau 6.3 : Les différentes valeurs de format pour les valeurs date/heure

Valeur	Description
d	Modèle de date courte (par exemple : 01/04/2010)
D	Modèle de date longue (par exemple : Jeudi, 1, avril 2010)
f	Date longue + heure abrégée (par exemple : Jeudi, 1, avril 2010 18:12)
F	Date longue + heure longue (par exemple : Jeudi, 1, avril 2010 18:12:52)
g	Date courte + heure abrégée (par exemple : 01/04/2010 18:12)
G	Date courte + heure longue (par exemple : 01/04/2010 18:12:52)
M ou m	Mois + jour (par exemple : 1 avril)
o	Aller-retour (garantit les conversions de chaîne vers numérique et inversement)
t	Heure abrégée (par exemple : 18:12)
T	Heure longue (par exemple : 18:12:52)
U	Date/heure universelle (par exemple : 01/04/2010 18:12:52Z)

L'exemple suivant, illustre le formatage d'une chaîne de caractères.

```
string s;
decimal prix;
int quantité;

// Initialiser la chaîne de format composite
s = "Total : {0:C} x {1:N} = {2:C}";
// Prix unitaire de l'objet acheté
prix = 10M;
// Quantité achetée
quantité = 1234;

// Afficher le total acheté
s = String.Format(s, prix, quantité, prix * quantité);
Console.WriteLine(s);
```

Le résultat affiché dans la console est le suivant :

```
Total : 10,00 € x 1 234,00 = 12 340,00 €
```

Il est possible d'utiliser des formats personnalisés pour les types numériques et les date/heure. Les tableaux suivants indiquent une partie des différents spécificateurs de format permettant de créer des formats personnalisés.

Tableau 6.4 : Les différents spécificateurs de format numériques personnalisés

Valeur	Description
0	Espace réservé du zéro (un zéro est marqué explicitement si aucun chiffre ne se trouve à la position du format)
#	Espace réservé de chiffre
.	Virgule décimale
,	Séparateur des milliers
%	Espace réservé pour le pourcentage

Tableau 6.5 : Les différents spécificateurs de format date et heure personnalisés

Valeur	Description
d	Jour de l'année en chiffre (sans zéro significatif), (par exemple : 1)
dd	Jour de l'année en chiffre (avec zéro significatif), (par exemple : 01)
ddd	Jour de l'année en lettre abrégé (par exemple : jeu)
dddd	Jour de l'année en lettre (par exemple : jeudi)
M	Mois de l'année en chiffre (sans zéro significatif), (par exemple : 4)
MM	Mois de l'année en chiffre (avec zéro significatif), (par exemple : 04)
MMM	Mois de l'année en lettre abrégé (par exemple : avr.)
MMMM	Mois de l'année en lettre (par exemple : avril)
yy	Année sur 2 chiffres (par exemple : 10)
yyyy	Année sur 4 chiffres (par exemple : 2010)
h	Heure en chiffres (sans zéro significatif), (par exemple : 4)
hh	Heure en chiffres (avec zéro significatif), (par exemple : 04)
m	Minutes en chiffres (sans zéro significatif), (par exemple : 8)
mm	Minutes en chiffres (avec zéro significatif), (par exemple : 08)
s	Secondes en chiffres (sans zéro significatif), (par exemple : 6)
ss	Secondes en chiffre (avec zéro significatif), (par exemple : 06)

L'exemple suivant illustre l'affichage d'un nombre avec un format numérique personnalisé.

```
string s;
decimal nombre;

nombre = 5116.64;

// Afficher le total acheté
s = String.Format("Nombre : {0:00-00000.####}", nombre);
Console.WriteLine(s);
```

Le résultat affiché dans la console est le suivant :

```
Nombre : 00-05116,64
```

Info

Le formatage des chaînes des caractères est un mécanisme du .NET Framework très puissant, permettant de créer des chaînes des caractères sans faire de concaténation explicite ; le code s'en trouve alors plus lisible. Le formatage des chaînes de caractères permet aussi de traduire facilement une chaîne de caractères ; en effet, il suffit de changer la chaîne de format composite (traduite) tout en gardant les mêmes éléments à formater.

Astuce

Il existe beaucoup de méthodes contenues dans des classes du .NET Framework permettant de formater une chaîne de caractères sans passer par la méthode `Format()`. C'est le cas par exemple de la méthode `Console.WriteLine()` qui prend en paramètre une chaîne de format composite et les arguments à mettre en forme.

Construire une chaîne avec *StringBuilder*

```
// Créer un StringBuilder
StringBuilder sb;
sb = new StringBuilder();
```

```
// Ajouter des valeurs dans le StringBuilder
StringBuilder Append(object valeur);
StringBuilder AppendFormat(string chaîneComposite,
  ➥params object[] arguments);
StringBuilder AppendLine(object o);
```

```
// Insérer une valeur dans le StringBuilder
StringBuilder Insert(int index, object valeur);
```

```
// Supprimer une partie du StringBuilder
StringBuilder Remove(int début, int longeur);
```

```
// Taille de la chaîne de caractères  en cours
// de construction
int Length { get; }
```

```
// Construire et récupérer la chaîne de caractères
// contenue dans le StringBuilder
string ToString();
```

La classe `System.Text.StringBuilder` permet de construire de façon optimale une chaîne de caractères.

Info

La concaténation de deux chaînes de caractères nécessite la reconstruction d'une nouvelle chaîne. Cette opération est très couteuse si des concaténations sont réalisées de manière intensive (par exemple dans une boucle). Utilisez dans ce cas la classe `StringBuilder` qui permet de réaliser très rapidement un grand nombre de concaténations.

La méthode `Append()` et `AppendLine()` ajoute un objet (automatiquement formaté en une chaîne de caractères si nécessaire) à la fin de la chaîne. La méthode `AppendLine()` ajoute en plus un retour à la ligne juste après.

La méthode `AppendFormat()` permet d'ajouter une chaîne de caractères formatée comme pour la méthode `Format()`.

`StringBuilder` permet d'insérer une chaîne de caractères (ou un objet à formater) avec l'utilisation de la méthode `Insert()` en spécifiant la position où doit être inséré l'objet.

Il est possible de supprimer une partie de la chaîne contenue dans un `StringBuilder` en appelant la méthode `Remove()`. Il faut dans ce cas spécifier l'index de début et la longueur de la chaîne à supprimer.

Une fois la chaîne de caractères construite, il faut appeler la méthode `ToString()` afin de récupérer une instance `String` de la chaîne construite.

L'exemple suivant montre comment construire une chaîne de caractères contenant les chiffres allant de 1 à 10 séparés par un tiret. On insert au début de la chaîne la chaîne « NOMBRES : » et on supprime le dernier tiret ajouté à la fin.

```
StringBuilder sb;
sb = new StringBuilder();

// Ajouter les chiffres de 1 à 10 espacés par des "-"
for (int i = 1; i <= 10; i++)
{
    sb.AppendFormat("{0}-", i);
}

// Insérer au début de la chaîne : "NOMBRES : "
sb.Insert(0, "NOMBRES : ");

// Supprimer le dernier "-" à la fin de la chaîne
sb.Remove(sb.Length - 1, 1);

// Construire et afficher la chaîne générée
Console.WriteLine(sb.ToString());
```

Le résultat affiché sur la console est le suivant :

```
NOMBRES : 1-2-3-4-5-6-7-8-9-10
```

Encoder et décoder une chaîne

```
// Récupérer un codage spécifique
Encoding static GetEncoding(string nom);
```

```
// Encoder une chaîne de caractères
byte[] GetBytes(string chaîne);
```

```
// Décoder une chaîne de caractères
string GetString(byte[] octets);
```

En .NET, les chaînes de caractères en mémoire sont *toujours codées* en Unicode UTF-16. Lorsque vous chargez un fichier (flux d'octets) codé différemment, vous devez convertir la chaîne stockée au format Unicode UTF-16.

Il en est de même pour l'opération inverse ; si vous souhaitez enregistrer un fichier contenant des chaînes de caractères dans un format différent d'Unicode UTF-16, vous devez convertir les chaînes de caractères contenues en mémoire vers le format désiré.

La classe permettant d'encoder ou de décoder une chaîne de caractères s'appelle `System.Text.Encoding`.

La méthode statique `GetEncoding()` permet de récupérer le codage à utiliser pour encoder/décoder une chaîne de caractères.

La classe `Encoding` contient des propriétés constantes statiques représentant les codages les plus utilisés (voir Tableau 6.6).

Tableau 6.6 : Liste des propriétés contenues dans *Encoding* représentant les codages les plus utilisés

Nom de la propriété	Description
`ASCII`	Codage ASCII (7 bits)
`Default`	Codage ANSI du système d'exploitation actuel
`UTF7`	Codage pour le format UTF-7
`UTF8`	Codage pour le format UTF-8
`Unicode`	Codage pour le format UTF-16
`UTF-32`	Codage pour le format UTF-32

Une fois un codage obtenu, il suffit d'appeler la méthode `GetBytes()` pour convertir une chaîne de caractères .NET avec le codage spécifié. Le résultat obtenu se trouve dans un tableau d'octets.

La méthode `GetString()` réalise l'opération inverse en convertissant un tableau d'octets vers une chaîne de caractères .NET avec le codage spécifié.

L'exemple suivant illustre l'encodage de la chaîne de caractères «ABC» au format ANSI et le décodage des octets avec comme valeur 70, 71, 72.

```
string s;
byte[] octets;

s = "ABC";
// Encoder la chaîne "ABC" au format ANSI
octets = Encoding.Default.GetBytes(s);
// Le tableau "octets" contient les valeurs 65, 66, 67

// Décoder les octets 70, 71, 72
octets = new byte[] { 70, 71, 72 };
s = Encoding.Default.GetString(octets);
Console.WriteLine(s);    // Affiche "FGH"
```

7

LINQ (*Language Integrated Query*)

Disponible depuis la version 3.5 du .NET Framework, *LINQ* est un ensemble de méthodes d'extension fortement typées permettant de réaliser des requêtes sur des sources de données de nature différente. Ainsi, LINQ permet de simplifier l'écriture et la compréhension des algorithmes de recherche tout en typant fortement votre code.

Les méthodes d'extensions proposées par LINQ utilisent considérablement les génériques et les expressions lambda (voir au Chapitre 2). Afin de simplifier encore plus l'utilisation de ces fonctionnalités, Microsoft a ajouté dans la version 3.5 de C# des mots-clés supplémentaires, qui seront convertis en appel de méthodes LINQ au moment de la compilation.

LINQ permet d'interroger une source de données en fonction d'un fournisseur LINQ. Le .NET Framework contient nativement un fournisseur appelé *LINQ To Object*, permettant d'interroger des objets implémentant l'interface `IEnumerable<T>`.

Microsoft propose d'autres fournisseurs LINQ intégrés à la version 3.5 du .NET Framework qui sont : *LINQ to Entity* et *Linq to XML*. Ils permettent d'interroger respectivement des sources de données SQL (SQL Server, Oracle, etc.) et des documents XML.

Ce chapitre est entièrement consacré à *LINQ to Object*.

Sélectionner des objets (projection)

```
from <variable de portée> in <seq.IEnumerable<T>>
select <projection sur la variable de portée>;
```

La clause `from` de C# permet de définir la source de données interrogée par la requête. Une variable (appelée « variable de portée ») doit être spécifiée avant le mot-clé `in`. Elle sert de référence pour chaque élément contenu dans la séquence `IEnumerable<T>` afin d'être utilisée dans les autres clauses d'une requête LINQ. Durant l'exécution, cette variable peut être vue comme une variable d'itération d'une boucle `foreach`. Elle est automatiquement affectée pour chaque élément parcouru de la séquence `IEnumerable<T>` associée.

Pour chaque élément contenu dans la variable de portée, la clause `select` permet de définir les éléments qui devront être récupérés (cette opération est plus communément appelée une « projection »). L'exemple suivant récupère les éléments contenus dans un tableau d'entiers de type `int`.

```
int[] tableauEntiers = ...;
IEnumerable<int> q = from e in tableauEntiers
                     select e;
```

Le résultat d'une requête LINQ est toujours de type `IEnumerable<`*`Projection`*`>`, *`Projection`* étant le type des données retournées par la clause `select`. Dans l'exemple précédent, les éléments retournés sont de type `IEnumerable<int>` car la variable de portée `e` est de type `int` et la clause `select` retourne des éléments `e`.

Il est possible de récupérer uniquement la valeur d'une propriété d'une variable de portée ; l'exemple suivant illustre la récupération de la longueur des chaînes contenues dans un tableau.

```
string[] tableauChaines = ...;
IEnumerable<int> q = from e in tableauChaînes
                     select e.Length;
```

La clause `select` accepte aussi l'appel de méthode. L'exemple suivant illustre la conversion d'entiers contenus dans un tableau en chaînes de caractères.

```
int[] tableauEntiers = ...;
IEnumerable<string> q = from e in tableauEntiers
                        select Convert.ToString(e);
```

Pour récupérer plusieurs valeurs, il est possible d'instancier une classe existante où d'utiliser des types anonymes. Dans le dernier cas, il faudra utiliser le mot-clé `var` pour récupérer le résultat de la requête. L'exemple suivant illustre la récupération des chaînes de caractères et des longueurs associées contenues dans un tableau en créant un type anonyme.

```
string[] tableauChaines = ...;
var q = from e in tableauChaînes
        select new { Longueur = e.Length, Chaine = e};
```

Dans cet exemple, `q` est un `IEnumerable<T>` et `T` un type anonyme.

Lors de la définition d'une requête, cette dernière n'est pas exécutée immédiatement. Elle le sera réellement au moment de son parcours *via* une boucle `foreach`.

L'exemple suivant illustre une requête LINQ sur un tableau afin de récupérer la longueur et la chaîne de caractères associée. Ces informations sont récupérées dans une classe anonyme.

```
string[] tab;

tab = new string[] { "AAA ", " B", " CC " };
var q = from e in tab
        select new { Longueur = e.Length, Chaine
          ➥= e.Trim() };

// Parcourir le résultat de la requête
foreach(var info in q)
{
   Console.WriteLine(info.Chaine + "-" + info.Taille);
}
```

L'utilisation du mot-clé `var` pour la variable d'itération de la boucle `foreach` est obligatoire, car la variable `q` est de type `IEnumerable<T>`, avec `T` un type anonyme.

Le résultat produit sur la console est le suivant :

```
AAA-4
B-3
CC-4
```

Filtrer des objets

```
from <variable de portée> in <seq.IEnumerable<T>>
where <condition>
select <projection sur la variable de portée>;
```

La clause `where` permet de filtrer des objets contenus dans l'objet `IEnumerable<T>` en fonction d'une condition. Cette dernière peut utiliser la variable de portée définie dans la clause `from`. Une condition doit être une expression qui renvoie un booléen (exactement comme la pour clause conditionnelle `if`).

L'exemple suivant illustre un filtre dans une requête LINQ permettant de récupérer les longueurs des prénoms ayant une longueur supérieure ou égale à 6 caractères.

```
string[] tab;
IEnumerable<int> q;

tab = new string[] { "Gilles", "David", "Aurélie" };
q = from e in tab
    where e.Length >= 6
    select e.Length;

// Parcourir le résultat de la requête
foreach(int longueur in q)
{
   Console.WriteLine(longueur);
}
```

Voici maintenant le même exemple équivalent avec l'utilisation des méthodes d'extensions LINQ.

```
string[] tab;
IEnumerable<int> q;

tab = new string[] { "Gilles", "David", "Aurélie" };
q = tab.Where(e => e.Length >= 6).Select(e => e.Length);

// Parcourir le résultat de la requête
foreach(int longueur in q)
{
   Console.WriteLine(longueur);
}
```

Le résultat produit sur la console est le suivant :

```
6  <-- Correspond à "Gilles"
7  <-- Correspond à "Aurélie"
```

Trier des objets

```
from <variable de portée> in <seq.IEnumerable<T>>
orderby <critère de tri> [ascending | descending]
   ➥[,<autres critères]
select <projection sur la variable de portée>;
```

La clause `orderby` permet de trier le résultat d'une requête. Les critères de tri doivent utiliser les variables de portées déclarées et être séparés par des virgules.

L'ordre du tri doit être spécifié pour chaque critère de tri. Pour cela, on utilise les mots-clés `ascending` ou `descending` pour trier respectivement par ordre croissant ou décroissant. Si aucun ordre de tri n'est spécifié, le tri par ordre croissant est utilisé par défaut.

L'exemple suivant illustre une requête LINQ permettant de récupérer des prénoms triés par ordre croissant sur la longueur associée et trié ensuite par ordre décroissant sur le prénom lui-même.

```
string[] prénoms;
IEnumerable<string> q;
prénoms = new string[] { "Gilles", "Aurélie", "Laurent",
  ➥"David" };

q = from prénom in prénoms
    orderby prénom.Length, prénom descending
    select prénom;

foreach (string prénom in q)
{
    Console.WriteLine(prénom);
}
```

Le résultat obtenu sur la console est le suivant :

```
David
Gilles
Laurent
Aurélie
```

Effectuer une jointure

```
// Jointure sur une condition d'égalité
from <variable gauche> in <seq.IEnumerable<T1>
  ➥gauche>
join <variable droite> in <seq.IEnumerable<T2>
  ➥droite>
   on <clé gauche> equals <clé droite>
select <projection sur les variables de portée>;
```

```
// Jointure sur une condition avec n'importe
// quel opérateur
from <variable gauche> in <seq.IEnumerable<T1>
  ➥gauche>
from <variable droite> in <seq.IEnumerable<T2>
  ➥droite>
where <clé gauche> <opérateur> <clé droite>
select <projection sur les variables de portée>;
```

La clause `join` permet de mettre en corrélation deux séquences d'objets `IEnumerable<T>`. Deux variables de portée doivent donc être déclarées afin d'être utilisées dans les autres clauses de la requête. La corrélation entre ces deux séquences s'effectue avec l'opérateur d'égalité en utilisant le mot-clé `equals`. Les deux opérandes de chaque côté de `equals` doivent être une propriété d'une variable de portée qui représente la clé permettant la corrélation entre les deux séquences.

L'exemple suivant illustre une jointure entre un tableau contenant des prénoms et un autre tableau contenant des longueurs. La condition de jointure se fait entre l'égalité des longueurs des prénoms et les longueurs présentes dans le second tableau. La requête récupère tous les couples prénom/longueur qui satisfont la condition de jointure.

```
string[] prénoms;
int[] longueurs;

prénoms = new string[] { "Gilles", "David", "Aurélie",
  ➥"Laurent" };
longueurs = new int[] { 10, 6, 20, 7 };

var q = from prénom in prénoms
    join longueur in longueurs
        on prénom.Length equals longueur
    select new { Prénom = prénom, Longueur = longueur };

foreach (var c in q)
{
   Console.WriteLine("{0} - {1}", c.Prénom, c.Longueur);
}
```

Le résultat obtenu sur la console est le suivant :

```
Gilles - 6
Aurélie - 7
Laurent - 7
```

Si la condition de jointure doit être un opérateur différent de l'égalité (par exemple l'opérateur supérieur >) ou alors une condition beaucoup plus complexe (avec par exemple des ET logiques), il n'est pas possible d'utiliser la clause `join`. Dans ce cas, il faudra utiliser deux clauses `from` pour récupérer les deux séquences et ajouter une clause `where` qui définit la condition de corrélation entre ces deux séquences.

L'exemple suivant illustre une jointure entre un tableau contenant des prénoms et un autre tableau contenant des longueurs. La jointure récupère tous les couples de prénom/longueur dont la longueur des prénoms est supérieure aux longueurs présentes dans le second tableau d'entiers.

```
string[] prénoms;
int[] longueurs;

prénoms = new string[] { "Gilles", "David", "Aurélie",
  ➥"Laurent" };
longueurs = new int[] { 10, 6, 20, 7 };

var q = from prénom in prénoms
    join longueur in longueurs
    where prénom.Length >= longueur
    select new { Prénom = prénom, Longueur = longueur };

foreach (var c in q)
{
   Console.WriteLine("{0} - {1}", c.Prénom, c.Longueur);
}
```

Le résultat obtenu sur la console est le suivant :

```
Gilles - 6
Aurélie - 6
Aurélie - 7
Laurent - 6
Laurent - 7
```

Récupérer le premier ou le dernier objet

```
// Récupérer le premier objet
(from <variable de portée> in <seq.IEnumerable<T>>
 select <projection sur variable de portée>).First();
// Récupérer le dernier objet
(from <variable de portée> in <seq.IEnumerable<T>>
 select <projection sur variable de portée>).Last();
```

```
// Récupérer le premier objet ou sa valeur par défaut
// si inexistant
```

```
(from <variable de portée> in <seq.IEnumerable<T>>
 select <projection sur variable de portée>)
   ➥.FirstOrDefault();
// Récupérer le premier objet ou sa valeur par défaut
// si inexistant
(from <variable de portée> in <seq.IEnumerable<T>>
 select <projection sur variable de portée>)
   ➥.LastOrDefault();
```

Les méthodes d'extension `First()` et `Last()` permettent de récupérer respectivement le premier et le dernier élément résultant d'une requête LINQ. Ces méthodes déclenchent une exception de type `InvalidOperationException` s'il n'existe aucun élément dans le résultat de la requête.

Ces méthodes retournent un objet du type des éléments spécifiés dans le résultat de la projection de `select`.

Les méthodes d'extension `FirstOrDefault()` et `LastOrDefault()` produisent le même résultat que `First()` et `Last()` mais ne déclenchent pas d'exception s'il n'existe aucun élément dans le résultat de la requête. La valeur par défaut de l'objet est retournée dans ce cas (`null` si la clause `select` retourne un type référence, la valeur par défaut dans le cas d'un type valeur).

L'exemple suivant illustre la récupération du premier et du dernier prénom commençant par « Gi » qui se trouvent dans un tableau de chaînes de caractères.

```
string[] prénoms;
string q;

prénoms = new string[] { "Gilles", "Aurélie", "Gilbert",
  ➥"Laurent" };

// Récupérer le premier prénom
q = (from prénom in prénoms
     where prénom.StartsWith("Gi")
     select prénom).First();
```

```
// Afficher le premier prénom
Console.WriteLine(q);

// Récupérer le dernier prénom
q = (from prénom in prénoms
     where prénom.StartsWith("Gi")
     select prénom).Last();

// Afficher le dernier prénom
Console.WriteLine(q);
```

Compter le nombre d'objets

```
(from <variable de portée> in <seq.IEnumerable<T>>
 select <projection sur la variable de portée>)
  ➥.Count();
```

La méthode d'extension `Count()` permet de compter le nombre d'objets résultant d'une requête LINQ. Cette méthode retourne un entier de type `int`.

L'exemple suivant affiche le nombre de prénoms contenant la lettre *l* présents dans le tableau `tab`.

```
string[] tab;
int q;

tab = new string[] { "Gilles", "David", "Aurélie" };
q = (from e in tab
     where e.Contains("l") == true
     select e).Count();

// Afficher le nombre de prénoms obtenu
Console.WriteLine(q);
```

Le résultat produit sur la console est le suivant :

```
2   <-- Correspond à "Gilles" et "Aurélie"
```

Effectuer une somme

```
(from <variable de portée> in <seq.IEnumerable<T>>
 select <projection d'où résulte un nombre>).Sum();
```

La méthode d'extension `Sum()` permet d'effectuer une somme sur une requête produisant des nombres en sortie. Ces nombres peuvent être de type `int`, `float`, `double` ou `decimal`. Il est possible d'effectuer la projection des nombres à sommer en paramètre de la méthode `Sum()` à l'aide d'une expression lambda (voir la section correspondante au Chapitre 2).

L'exemple suivant réalise la somme des longueurs des chaînes de caractères contenues dans un tableau.

```
string[] tab;
int somme;

tab = new string[] { "Gilles", "David", "Aurélie" };
somme = (from e in tab
         select e.Length).Sum();

// Afficher le nombre de prénoms obtenu
Console.WriteLine(somme);
```

Le résultat produit sur la console est le suivant :

```
18   <-- 6 + 5 + 7
```

Grouper des objets

```
// Groupement d'objets
from <variable de portée> in <seq.IEnumerable<T1>>
group <variable de portée> by <critère de groupement>;
```

```
// Groupement d'objets suivi d'une projection
from <variable de portée> in <seq.IEnumerable<T1>>
group <variable de portée> by <critères de groupement>
  ➥into <variable de groupe>
select <projection sur la variable de groupe>
```

```
// Définition de l'interface IGroupingKey<TClé, T>
public interface IGroupingKey<TClé, T> :
  ➥IEnumerable<T>
{
    TClé Key { get; }
}
```

La clause `group by` permet de réaliser des groupes d'objets suivant un ou plusieurs critères de regroupement. L'ensemble de ces critères forme une clé d'un groupe.

Les requêtes se terminant par la clause `group by` retournent une séquence `IEnumerable<IGroupingKey<TClé, T>>`. Chaque instance contenue dans cette séquence correspond à un groupe modélisé par l'interface `IGroupingKey<TClé, T>`. Cette interface contient une propriété `Key` permettant de récupérer la clé du groupe (qui a été définie dans la clause `group by`).

`IGroupingKey<TClé, T>` implémente l'interface `IEnumerable<T>` permettant de parcourir les objets appartenant au même groupe (ayant la même clé). Le type générique `TClé` de `IGroupingKey<TClé, T>` correspond au type des critères de groupement spécifiés dans la clause `group by`. Le type générique `T`, quant à lui, correspond aux variables de portée spécifiées entre les clauses `group` et `by`.

L'exemple suivant effectue des groupes sur la première lettre des prénoms contenus dans un tableau.

```
string[] prénoms;
IEnumerable<IGrouping<char, string>> q;

prénoms = new string[] { "Gilles", "Aurélie", "Laurent",
  ➥"Anne", "Gilbert", "Anne-Laure" };

q = from prénom in prénoms
    group prénom by prénom[0];

// Parcourir chaque groupe
foreach (IGrouping<char, string> groupe in q)
{
    Console.WriteLine("Groupe : {0}", groupe.Key);

    // Parcourir les éléments de chaque groupe
    foreach (string prénom in groupe)
    {
        Console.WriteLine("\t {0}", prénom);
    }

    Console.WriteLine();
}
```

Voici le résultat produit sur la console :

```
Groupe : G
         Gilles
         Gilbert

Groupe : A
         Aurélie
         Anne
         Anne-Laure

Groupe : L
         Laurent
```

Il n'est pas nécessaire d'utiliser la clause `select` avec le `group by` ; cependant, si l'on souhaite modifier la requête afin de récupérer d'autres informations que les groupes générés par `group by`, on peut alors ajouter à la fin de la requête une clause select. Dans ce cas, le groupement doit s'effectuer dans une variable de groupe (variable locale à la requête) à l'aide du mot-clé into qui se situe après la clause group by. La projection réalisée sur le select ne peut plus se faire à partir des variables de portée déclarées dans les clauses from, mais uniquement à partir de la variable de groupe. Cette dernière correspond à une instance d'un objet implémentant l'interface IGroupingKey<TClé, T> représentant le regroupement effectué. IGroupingKey<TClé, T> implémentant l'interface IEnumerable<T>, la clause select peut se servir de cette variable afin d'utiliser des méthodes d'agrégations telles que Sum() ou Count().

L'exemple suivant effectue des groupes sur la première lettre des prénoms contenus dans un tableau. La première lettre du groupe ainsi que le nombre de prénoms de chaque groupe sont récupérés dans un type anonyme.

```
string[] prénoms;

prénoms = new string[] { "Gilles", "Aurélie", "Laurent",
  ➥"Anne", "Gilbert", "Anne-Laure" };

var q = from prénom in prénoms
        group prénom by prénom[0] into groupe
        select new { Lettre = groupe.Key, Total =
          ➥groupe.Count() };

// Parcourir chaque groupe
foreach (var groupe in q)
{
    Console.WriteLine("{0} (Nb : {1})", groupe.Lettre,
      ➥groupe.Total);
}
```

Voici le résultat produit sur la console :

```
G (Nb : 2)
A (Nb : 3)
L (Nb : 1)
```

Déterminer si une séquence contient au moins un objet

```
(from <variable de portée> in <séq. IEnumerable<T>>
select <projection>).Any();
```

La méthode d'extension `Any()` retourne `true` si la séquence associée contient au moins un élément. Il est tout à fait possible d'utiliser cette méthode dans les conditions afin de déterminer l'existence d'un élément dans une autre séquence.

L'exemple suivant illustre l'utilisation de la méthode d'extension `Any()` afin de déterminer s'il existe au moins un prénom dans le tableau commençant par la lettre *G*.

```
string[] tab;
bool résultat;

tab = new string[] { "Gilles", "David", "Aurélie" };
résultat = (from e in tab
            where e.StartsWith("G") == true
            select e).Any();

// Afficher le résultat obtenu
Console.WriteLine(résultat);
```

Déclarer une variable de portée

```
(from <variable de portée> in <seq.IEnumerable<T>>
 let <nouvelle variable> = <valeur>
 select <projection sur une variable de portée>);
```

Le mot-clé `let` permet de déclarer une variable de portée associée à une expression. Comme pour les variables de portée déclarées dans la clause `from`, les variables de portées déclarées avec `let` peuvent être utilisées dans toutes les autres clauses de la requête.

Les variables de portées déclarées avec `let` doivent être associées à une expression qui ne pourra pas être modifiée par la suite. Ces variables peuvent être vues comme la déclaration d'un alias associée à une expression permettant la simplification du code. À l'exécution, toutes les références des variables de portées seront remplacées par l'expression associée.

L'exemple suivant illustre la récupération des prénoms contenus dans un tableau commençant par la lettre *G* et ayant une longueur d'au moins 4 caractères. Une variable de portée `longueur` est utilisée afin de stocker la longueur des prénoms.

```
string[] tab;

tab = new string[] { "Gilles", "Claude", "Gilbert",
  ➥"Gil" };
var résultats = (from e in tab
                 let longueur = e.Length
                 where e.StartsWith("G") == true &&
                   ➥longueur >= 4
                 select new { Nom=e, Longueur=longueur });

foreach (var résultat in résultats)
{
    Console.WriteLine("{0} ({1})", résultat.Nom,
      ➥résultat.Longueur);
}
```

Voici le résultat produit sur la console :

```
Gilles (6)
Gilbert (7)
```

8

Les classes et interfaces de base

Le .NET Framework fournit une bibliothèque contenant énormément de classes ; ce chapitre détaille donc les classes les plus importantes et les plus utilisées.

La classe *Object*

```
// Déterminer si deux objets sont identiques
public virtual bool Equals(object obj);
public static bool Equals(object objA, object objB);

// Déterminer si les références font référence
// au même objet
public static bool ReferenceEquals(object objA,
  ➥object objB);

// Retourner une chaîne de caractères représentant
// l'objet
public virtual string ToString();
```

La classe `Object` est la classe de base de toutes les classes du .NET Framework. Elle représente la racine de la hiérarchie de classes. Si vous créez une classe qui n'hérite d'aucune classe, le compilateur la fera automatiquement hériter de la classe `Object`. Le mot-clé `object` est un raccourci pour la classe `System.Object`.

La classe `Object` contient des services de base qui peuvent être utilisés sur n'importe quel type d'objet.

La méthode `Equals()` permet de comparer une instance à un autre objet. Cette méthode est marquée comme `virtual`, car vous pouvez la redéfinir pour changer son comportement. La méthode `static Equals()` permet de comparer deux objets, en tenant compte si l'une des deux références passées en paramètre est nulle. Si ce n'est pas le cas, elle appelle la méthode non statique `Equals()` sur le premier objet avec comme paramètre le deuxième objet.

Par défaut, avec les types référence, la méthode `Equals()` compare deux références et vérifie si elles font référence au même objet.

Dans le cas des types valeur, la méthode `Equals()` compare tous les champs des deux objets et appelle la méthode `Equals()` sur chacun des champs.

La classe `Object` contient une méthode `static ReferenceEquals()` qui permet de tester si deux références font référence à un même objet.

La méthode `ToString()` retourne une représentation textuelle d'un objet. Par défaut, elle retourne le nom du type (avec son espace de noms). Étant donné qu'elle est marquée comme `virtual`, il est possible de la redéfinir afin de retourner une représentation textuelle beaucoup plus évocatrice.

Astuce

La méthode ToString() est très utile, car elle permet d'obtenir très rapidement, sous forme de chaîne, une représentation textuelle de n'importe quel objet. N'hésitez pas à redéfinir cette méthode afin de retourner une chaîne de caractères permettant d'identifier un objet (par exemple le numéro de sécurité social avec le nom et prénom d'une Personne).

L'exemple suivant illustre une classe Chien redéfinissant certaines méthodes de la classe Object.

```
public class Chien
{
   private string tatouage;
   private string nom;

   public Chien(string tatouage, string nom)
   {
      this.tatouage = tatouage;
      this.nom = nom;
   }

   public override bool Equals(object obj)
   {
    // Si obj est null retourner false car on compare un
    // Chien avec une référence null
    if (obj == null)
    {
        return false;
    }

    Chien c;
    c = obj as Chien;

    // Si obj n'est pas un Chien, retourner false, car
    // on compare un Chien avec un autre type d'objet
    if (c == null)
```

```
        {
            return false;
        }

        // Comparer les numéros de tatouage
        return (String.Compare(this.tatouage, c.tatouage)
          ➥== 0);
    }
}
```

Voici un exemple qui illustre l'utilisation de ces différentes méthodes sur des instances de la classe `Chien`.

```
Chien cachou, clone, référence, iris;
bool b;

cachou = new Chien("AAZZ33", "Cachou");
référence = cachou;
clone = new Chien("AAZZ33", "Le clone de Cachou");
iris = new Chien("BBCC51", "Iris");

b = cachou.Equals(iris);               // Retourne false
b = cachou.Equals(clone);              // Retourne true
b = cachou.Equals(33);                 // Retourne false
b = Object.Equals(cachou, clone);      // Retourne true
b = Object.Equals(cachou, null);       // Retourne false

b = Object.ReferenceEquals(cachou, clone);
// Retourne false
b = Object.ReferenceEquals(cachou, référence);
// Retourne true

Console.WriteLine(iris.ToString()); // Affiche "Iris"
```

La classe *Array*

```
// Nombre total d'éléments dans un tableau
public int Length { get ; }
// Nombre de dimensions du tableau
public int Rank { get; }
```

```
// Affecter à une plage d'éléments la valeur
// par défaut
public static void Clear(Array tab, int début,
  ➥int longueur);
// Copier les éléments d'un tab. dans un autre tableau
public static void Copy(Array src, Array dest,
  ➥int longueur);
// Effectuer une action sur chaque élément
public static void ForEach<T>(T[] tab, Action<T>
  ➥action);
```

```
// Déterminer s'il existe un élément correspondant
// au prédicat
public static bool Exists<T>(T[] tab,
  ➥Predicate<T> prédicat);
// Rechercher un élément correspondant au prédicat
public static T Find<T>(T[] tab,
  ➥Predicate<T> prédicat);
// Rechercher tous les éléments correspondant
// au prédicat
public static T[] FindAll<T>(T[] tab,
  ➥Predicate<T> prédicat);
// Rechercher le dernier élément correspondant
// au prédicat
public static T FindLast<T>(T[] tab,
  ➥Predicate<T> prédicat);
// Rechercher la position d'un élément correspondant
// au prédicat
```

```
public static int FindIndex<T>(T[] tab,
  ➥Predicate<T> prédicat);
// Rechercher la dernière position d'un élément
// correspondant au prédicat
public static int FindLastIndex<T>(T[] tab,
  ➥Predicate<T> prédicat);
```

```
// Trier les éléments du tableau
public static void Sort<T>(T[] tab);
public static void Sort<T>(T[] tab,
  ➥IComparer<T> comparateur);
public static void Sort<T>(T[] tab,
  ➥Comparison<T> comparaison);
```

La classe `System.Array` est la classe de base de tous les tableaux. Une fois un tableau déclaré, il est possible de récupérer le nombre total d'éléments à l'aide de la propriété `Length`.

La classe `Array` contient des méthodes `static` permettant d'effectuer des copies, des effacements, des recherches et des tris sur les tableaux.

Les méthodes de recherche demandent en paramètre un prédicat (un délégué) qui sera automatiquement appelé sur chaque élément afin de vérifier si ce dernier correspond au critère de recherche défini par le développeur. Il existe des surcharges permettant de spécifier si nécessaire les intervalles où s'effectue la recherche.

Pour trier des éléments d'un tableau, il faut que par défaut, ces éléments implémentent l'interface `IComparable`. Les méthodes `Sort()` se chargent d'appeler la méthode `CompareTo()` sur chacun de ces éléments suivant l'algorithme du tri rapide (quick sort). Si les éléments n'implémentent pas l'interface `IComparable`, il est possible d'utiliser un comparateur implémentant l'interface `IComparer`.

Comme pour la recherche, une surcharge de la méthode `Sort()` permet d'utiliser un prédicat (délégué) prenant en paramètre deux objets et devant retourner un entier pour indiquer l'ordre de ces deux objets. Les valeurs que doit retourner ce prédicat sont :

- < 0 si le premier objet est inférieur au deuxième ;
- 0 si le premier objet est égal au deuxième ;
- > 0 si le premier objet est supérieur au deuxième.

L'exemple suivant définit une classe `Chien` contenant son nom et son numéro de tatouage ainsi qu'une méthode pour le faire aboyer. Cette classe implémente l'interface `IComparable<T>` permettant de comparer les chiens suivant leur numéro de tatouage.

```
public class Chien : IComparable<Chien>
{
    private string tatouage;
    private string nom;

    public Chien(string tatouage, string nom)
    {
        this.tatouage = tatouage;
        this.nom = nom;
    }

    public string Tatouage
    {
        get { return this.tatouage; }
    }

    public string Nom
    {
        get { return this.nom; }
    }
```

```
    public void Aboyer()
    {
        Console.WriteLine("Waf ! Waf !");
    }

    public int CompareTo(Chien other)
    {
        return this.tatouage.CompareTo(this.tatouage);
    }
}
```

L'exemple suivant utilise la classe déclarée précédemment, afin de créer et initialiser un tableau de chiens. Une recherche est effectuée sur le chien ayant comme nom « Cachou ». On effectue ensuite deux tris, l'un en utilisant l'interface `IComparable` (implémentée précédemment dans la classe `Chien`), l'autre à l'aide d'un prédicat (délégué anonyme). Et finalement, on fait aboyer tous les chiens avec la méthode `Array.ForEach()` à l'aide d'une expression lambda (voir la section correspondante au Chapitre 2).

```
Chien[] tab;
Chien toutou;

tab = new Chien[]
{
    new Chien("AAZZ33", "Cachou"),
    new Chien("BBCC51", "Iris"),
    new Chien("ABCD16", "Opale"),
    new Chien("RSTU64", "Upsa")
};

// Rechercher "Cachou"
toutou = Array.Find(tab, delegate(Chien c)
{
    if (c.Nom == "Cachou")
```

```
    {
        return true;
    }

    return false;
});

// Trier le tableau à l'aide de IComparable<T>
Array.Sort(tab);

// Trier le tableau suivant le nom à l'aide
// d'un prédicat
Array.Sort(tab, delegate(Chien c1, Chien c2)
{
    return c1.Nom.CompareTo(c2.Nom);
});

// Faire aboyer tous les chiens (avec une
// expression lambda)
Array.ForEach(tab, (c) => c.Aboyer());
```

La classe *Enum*

```
// Récupérer les noms des constantes d'une énumération
public static string[] GetNames(Type type);

// Récupérer le nom de la constante d'une énumération
// qui a la valeur spécifiée
public static string GetName(Type type, object valeur);
```

```
// Indiquer si la valeur d'une énumération existe
public static bool IsDefined(Type type, Object valeur);
```

```
// Convertir l'entier spécifié en un membre
// d'une énumération
public static object ToObject(Type type, Object valeur);
```

```
// Convertir la représentation sous forme de chaîne du
// nom de la constante en un membre d'une énumération
public static object Parse(Type type, string valeur,
   ➥bool ignorerCasse);
```

La classe `Enum` permet de récupérer des informations sur les classes de type énumération (déclarées à l'aide du mot-clé `enum`).

La méthode `GetNames()` permet de récupérer les noms des différents membres contenus dans une énumération. La méthode `GetName()` récupère quant à elle le nom d'un membre ayant une valeur spécifiée en paramètre.

La méthode `IsDefined()` permet de savoir si la valeur spécifiée en paramètre est contenue dans un des membres d'une énumération.

La méthode `ToObject()` permet de convertir une valeur entière de type `int` en une valeur membre d'une énumération.

La méthode `Parse()` retourne la valeur membre d'une énumération dont le nom est représenté sous forme de chaîne de caractères.

L'exemple suivant illustre la déclaration d'une énumération `Sexe` contenant deux membres, `Homme` et `Femme`.

```
enum Sexe
{
      Homme = 1,
      Femme = 2
}
```

Le code suivant illustre l'utilisation des méthodes de la classe `Enum` sur l'énumération `Sexe` déclarée précédemment.

```
Sexe s;
string[] noms;
string nom;

// Affichage des différents noms des membres
// de l'énumération
noms = Enum.GetNames(typeof(Sexe));
for (int i = 0; i < noms.Length; i++)
{
    Console.WriteLine(noms[i]);
}

// Affichage du nom du membre ayant comme valeur 2
nom = Enum.GetName(typeof(Sexe), 2);
Console.WriteLine("2 = " + nom);

// Test si la valeur 3 est défini dans l'énumération
// sexe
if (Enum.IsDefined(typeof(Sexe), 3) == false)
{
    Console.WriteLine("La valeur 3 n'existe pas !");
}

// Récupération du membre de l'énumération ayant
// la valeur 3
s = (Sexe)Enum.ToObject(typeof(Sexe), 1);
Console.WriteLine("1 = " + s);

// Récupération du membre de l'énumération ayant comme
// nom feMMe (sans tenir compte de la casse)
s = (Sexe)Enum.Parse(typeof(Sexe), "feMMe", true);
Console.WriteLine("feMMe = " + s);
```

La classe *TimeSpan*

```
// Créer une nouvelle instance de TimeSpan
public TimeSpan(int heures, int minutes,
  ➥int secondes);
public TimeSpan(int jours, int heures, int minutes,
  ➥int secondes);

public static TimeSpan FromMilliseconds(double
  ➥valeur);
public static TimeSpan FromSeconds(double valeur);
public static TimeSpan FromMinutes(double valeur);
public static TimeSpan FromHours(double valeur);
public static TimeSpan FromDays(double valeur);

// Créer un TimeSpan à partir d'une chaîne
// de caractères
public static TimeSpan Parse(string s);
public static bool TryParse(string s,
  ➥out TimeSpan résultat);
```

```
// Composantes d'un TimeSpan
public int Days { get; }            // Jours
public int Hours { get; }           // Heures
public int Minutes { get; }         // Minutes
public int Seconds { get; }         // Secondes
public int Milliseconds { get; }    // Millisecondes

// Nombre total de...
public double TotalDays { get; }     // ...jours
public double TotalHours { get; }    // ...heures
public double TotalMinutes { get; } // ...minutes
public double TotalSeconds { get; } // ...secondes
public double TotalMilliseconds { get; } //...ms
```

```
// Convertir un TimeSpan en une chaîne de caractères
public string ToString();
```

La structure `System.TimeSpan` permet de représenter une durée avec une précision d'une milliseconde. Cette structure est immuable, c'est-à-dire qu'une fois instanciée, ses valeurs ne peuvent plus changer. Il faudra ré-instancier de nouveau un `TimeSpan` pour représenter une durée différente.

La création d'une instance de `TimeSpan` peut se faire en appelant une des surcharges du constructeur en spécifiant des valeurs aux différentes composantes. Il est possible de créer une instance de `TimeSpan` depuis une certaine quantité d'une composante d'une durée (par exemple depuis un nombre de minutes).

Les méthodes `Parse()` et `TryParse()` permettent d'analyser et de convertir une chaîne de caractères en une instance `TimeSpan`. La méthode `Parse()` déclenchera une exception si la chaîne de caractères analysée est incorrecte, alors que la méthode `TryParse()` retournera `false` et affectera à la durée spécifiée en paramètre la valeur de la constante `TimeSpan.Zero` (00:00:00).

La classe `TimeSpan` contient des méthodes et des opérateurs permettant de réaliser des calculs sur des durées. À chaque calcul, une nouvelle instance de `TimeSpan` est créée et retournée.

L'exemple suivant illustre l'utilisation de la classe `TimeSpan`.

```
TimeSpan durée1;
TimeSpan durée2;
// Créations et affichages d'une durée
durée1 = TimeSpan.FromSeconds(3600);
Console.WriteLine(durée1); // Affiche 01:00:00

durée1 = TimeSpan.FromMinutes(1.5);      // 1 min 30s
Console.WriteLine(durée1.TotalSeconds); // Affiche 90

durée1 = new TimeSpan(10, 5, 47, 4);
Console.WriteLine(durée1);          // Affiche 10.05:47:04
```

```
durée1 = TimeSpan.FromHours(1);    // 1h
durée2 = TimeSpan.FromMinutes(30);// 30 min
durée1 = durée1 + durée2;          // 1h + 30 min = 1h30
Console.WriteLine(durée1);         // Affiche 00:01:30

if (TimeSpan.TryParse("04:10:30", out durée1) == true)
{
    Console.WriteLine(durée1.Hours);    // Affiche 4
    Console.WriteLine(durée1.Minutes); // Affiche 10
    Console.WriteLine(durée1.Seconds); // Affiche 30
}
else
{
    Console.WriteLine("Mauvais format de la durée");
}
```

La classe *DateTime*

```
// Créer une nouvelle instance de DateTime
public DateTime(int année, int mois, int jours);
public DateTime(int année, int mois, int jours,
  ➥int heure, int minute, int seconde);
public DateTime(int année, int mois, int jours,
  ➥int heure, int minute, int seconde,
  ➥int milliseconde);

// Créer un DateTime depuis une chaîne
// de caractères
public static DateTime Parse(string s);
public static bool TryParse(string s,
  ➥out DateTime résultat);

// Obtenir la date d'aujourd'hui
public static DateTime Today { get; }
// Obtenir la date et l'heure d'aujourd'hui
public static DateTime Now { get; }
```

```
// Composantes d'un DateTime
public int Year { get; }              // Année
public int Month { get; }             // Mois
public int Day { get; }               // Jour
public int Hour { get; }              // Heure
public int Minute { get; }            // Minute
public int Second { get; }            // Seconde
public int Millisecond { get; }       // Milliseconde

// Obtenir la partie date du DateTime
public DateTime Date { get; }
// Obtenir la partie heure du DateTime
public TimeSpan TimeOfDay { get; }
```

```
// Calculs sur une date
public DateTime AddSeconds(int valeur);
public DateTime AddMinutes(int valeur);
public DateTime AddHours(int valeur);
public DateTime AddDays(int valeur);
public DateTime AddMonths(int valeur);
public DateTime AddYears(int valeur);

public DateTime Add(TimeSpan durée);
```

```
// Convertir un TimeSpan en une chaîne de caractères
public string ToString();
public string ToString(string format);
```

La structure `System.DateTime` permet de représenter un instant dans le temps composé d'une date et d'une heure avec une précision d'une milliseconde. Cette structure est immuable, c'est-à-dire qu'une fois instanciée, ses valeurs ne peuvent plus changer. Il faudra ré-instancier de nouveau un `DateTime` pour représenter une date différente.

La création d'une instance de `DateTime` peut se faire en appelant une des surcharges du constructeur en donnant des valeurs aux différentes composantes. Les propriétés `Now` et `Today` permettent de récupérer respectivement la date + heure et la date uniquement de l'ordinateur où s'exécute le code.

Les méthodes `Parse()` et `TryParse()` permettent d'analyser et convertir une chaîne de caractères en une instance `DateTime`. La méthode `Parse()` déclenchera une exception si la chaîne de caractères analysée est incorrecte, alors que la méthode `TryParse()` retournera `false` et affectera à la date spécifiée en paramètre la valeur de la constante `DateTime.MinValue` (01/01/0001 00:00:00).

La méthode `ToString()` permet de retourner l'instance `DateTime` en une chaîne de caractères. Il est possible de spécifier un format particulier.

La classe `DateTime` contient des méthodes et des opérateurs permettant de réaliser des calculs sur des dates en ajoutant des quantités sur une composante ou en ajoutant une durée représentée par une instance `TimeSpan`. À chaque calcul, une nouvelle instance de `TimeSpan` est créée et retournée.

L'exemple suivant illustre l'utilisation de la classe `DateTime` :

```
DateTime d;
TimeSpan durée;

d = DateTime.Now;
Console.WriteLine(d.ToString()); // Affiche 14/04/2010 21:23:47

d = new DateTime(2010, 8, 16);
Console.WriteLine(d);    // Affiche 16/08/2010 00:00:00

date = date.AddYears(2);
Console.WriteLine(d);    // Affiche 16/08/2012 00:00:00

durée = TimeSpan.FromDays(1.5);
d = d + durée;
```

```
Console.WriteLine(d);   // Affiche 17/08/2012 12:00:00

if (DateTime.TryParse("02/05/2010 18:02:25", out d)
  ➥ == true)
{
    Console.WriteLine(date.Year); // Affiche 10
    Console.WriteLine(date.Month); // Affiche 5
    Console.WriteLine(date.Day); // Affiche 2
    Console.WriteLine(date.Hour); // Affiche 18
    Console.WriteLine(date.Minute); // Affiche 2
    Console.WriteLine(date.Second); // Affiche 25
}
else
{
    Console.WriteLine("Mauvais format de la durée");
}
```

La classe *Nullable<T>*

```
// Déclaration de la classe Nullable<T>
public struct Nullable<T>
where T : struct, new()
```

```
// Indiquer si la structure contient une valeur
public bool HasValue { get; }
// Obtenir la valeur contenue dans Nullable<T>
// si existante
public T Value { get; }
```

```
// Déclarer un type comme nullable
Nullable<<type>> <instance>;
<type>? instance;// Version raccourcie
```

Les types par valeur ne peuvent pas être `null`. Par exemple, il est impossible de définir une valeur à `null` pour un entier de type `int`. La structure `Nullable<T>` permet de représenter des types valeur pouvant avoir la valeur `null`. Ces types sont appelés des types *nullables*.

Pour créer un type nullable, il suffit de déclarer une variable de type `Nullable<T>` avec comme paramètre de type le type à rendre nullable. Il devient alors possible de définir cette variable comme `null` ou ayant une valeur spécifiée.

Si la variable `Nullable<T>` n'est pas `null` (ou si la propriété `HasValue` retourne `true`), la valeur peut être obtenue en utilisant la propriété Value.

Une variable `Nullable<T>` peut être déclarée à l'aide du symbole (`?`) placé juste après le type valeur à rendre nullable.

L'exemple suivant illustre la déclaration et l'utilisation d'un `int` nullable.

```
int? age;

age = null;
if (age == null)
{
    Console.WriteLine("Aucun âge n'a été spécifié");
}

age = 26;
if (age != null)
{
    Console.Write("Vous avez :");
    Console.WriteLine(age.Value);
}
```

Info

L'appel de la propriété `Value` sur type `nullable` définie à `null` déclenchera la levée d'une exception de type `InvalidOperation-Exception`.

L'interface *IDisposable*

```
// Interface IDisposable
public interface IDisposable
{
   // Libérer les ressources allouées
   void Dispose();
}
```

```
using(<classe IDisposable> <instance> =
   ➥<nouvelle instance>())
{
   // Code utilisant la classe qui implémente
   // IDisposable
}
```

Le ramasse-miettes (ou *garbage collector*) est un processus intégré dans le .NET Framework permettant de libérer automatiquement la mémoire lorsqu'un objet n'est plus utilisé.

Il est cependant très difficile de prévoir à quel moment le ramasse-miettes se mettra à fonctionner. Certaines classes contiennent des ressources, telle une connexion à une base de données qu'il faut libérer dès que l'objet n'est plus utilisé. Si le ramasse-miettes met du temps à se déclencher, la connexion à la base de données risque d'être libérée tardivement.

Le .NET Framework contient une interface `IDisposable` contenant une méthode `Dispose()` que doivent implémenter les classes disposant de ressources à libérer explicitement. Avec cette méthode, les utilisateurs de vos classes peuvent demander de manière explicite la libération des ressources utilisées par les classes implémentant l'interface `IDisposable`.

L'implémentation de la méthode `Dispose()` doit respecter les règles suivantes :

- La méthode peut être appelée plusieurs fois (même si les ressources sont déjà libérées).
- La méthode ne doit jamais déclencher une exception. Il faut utiliser le duo `try`/`finally` si nécessaire pour protéger le code.
- Dès le premier appel à `Dispose()`, l'objet ne doit plus être utilisable. Il faut déclencher pour cela l'exception `ObjectDisposedException`.

L'exemple qui suit montre une classe implémentant l'interface `IDisposable` contenant une ressource `StreamWriter`.

```
public class EcritureFichier : IDisposable
{
   // Ressource à libérer
   private StreamWriter fichier;

   public EcritureFichier()
   {
      this.fichier = new StreamWriter("Fichier.txt");
   }

   public void EcrireLigne(string ligne)
   {
      // Règle n° 3
      // Vérifier que la méthode Dispose() n'a pas
      // déjà été appelée
      if (this.fichier == null)
      {
         throw new ObjectDisposedException(
            "Objet déjà libéré");
      }

      this.fichier.WriteLine(ligne);
   }
```

```
    public void Dispose()

    {
        // Règle n° 1
        // Si la ressource n'a pas été libérée, la libérer
        if (this.fichier != null)
        {
            // Règle n° 2
            // Protéger la libération de la ressource afin
            // de ne pas déclencher une exception
            try
            {
                this.fichier.Dispose();
            }
            finally
            {
                this.fichier = null;
            }
        }
    }
}
```

Voici maintenant l'utilisation de la classe déclarée précédemment.

```
EcritureFichier f;

f = new EcritureFichier();
try
{
    f.EcrireLigne("Blabla !");
}
finally // Appeler la méthode Dispose() en cas de levée
{       // ou non d'une exception
    f.Dispose();
}
```

Le bloc `using` de C# permet de produire le même résultat que précédemment en protégeant un objet implémentant l'interface `IDisposable`. Lors de la sortie de ce bloc, la méthode `Dispose()` de l'objet protégé est automatiquement appelée.

```
using (EcritureFichier f = new EcritureFichier())
{
   f.EcritureFichier();
}
```

Info

La méthode `Dispose()` de l'objet protégé par le bloc `using` sera automatiquement appelée en sortie du bloc même si une exception est déclenchée.

L'interface *IClonable*

```
public class Object
{
   // Réaliser une copie superficielle de l'objet
   // courant
   protected object MemberwiseClone();
}
```

```
// Interface IClonable
public interface IClonable
{
   public object Clone();
}
```

La classe de base `Object` contient une méthode protégée `MemberwiseClone()` permettant de créer une *copie superficielle* de l'objet où est appelée la méthode.

La copie superficielle consiste à copier tous les champs non statiques de l'objet. Si le champ est de type valeur, il est copié bit à bit. Si le champ est de type référence, seule la référence est copiée, mais l'objet référencé ne l'est pas. Par exemple, si l'on dispose d'une classe `Moto` qui détient deux références à un objet `Roue`, le clonage d'une moto par l'utilisation de la méthode `MemberwiseClone()` provoquera la création d'une nouvelle instance de type `Moto` ayant comme référence les mêmes roues !

Pour pallier ce problème, il faut mettre en place un mécanisme de copie en profondeur qui consiste à cloner un objet et tous ses objets référencés. Les objets devant être clonés en profondeur doivent implémenter la méthode `Clone()` de l'interface `IClonable`.

L'implémentation de la méthode `Clone()` de l'interface `IClonable` consiste tout d'abord à cloner l'objet lui-même puis à cloner les objets dont l'objet détient une référence. En procédant ainsi, le clonage d'un objet consiste à cloner l'objet lui-même ainsi que ses objets référenciés et cela de manière récursive. Les objets référencés doivent donc eux aussi implémenter l'interface `ICloneable`.

L'exemple suivant illustre la déclaration des classes `Moto` et `Roue` mettant en œuvre le mécanisme de clonage en profondeur.

```
class Roue : ICloneable
{
    private double pression;

    public Roue(double pression)
    {
        this.pression = pression;
    }

    public double Pression
   {
       get { return this.pression; }
```

```
        set { this.pression = value; }
    }

    public object Clone()
    {
        return this.MemberwiseClone();
    }
}

class Moto : ICloneable
{
    private Roue roueAvant;
    private Roue roueArrière;

    public Moto()
    {
        this.roueAvant = new Roue(2.1);
        this.roueArrière = new Roue(1.9);
    }

    public Roue RoueArrière
    {
        get { return this.roueArrière; }
    }

    public Roue RoueAvant
    {
        get { return this.roueAvant; }
    }

    public object Clone()
    {
        Moto m;

        // Cloner la moto
        m = (Moto)this.MemberwiseClone();


        // Cloner les roues
        m.roueArrière = (Roue)this.roueArrière.Clone();
        m.roueAvant = (Roue)this.roueAvant.Clone();
```

```
        return m;
    }
}
```

Dans cet exemple, le clonage d'une Moto consiste à cloner la Moto elle-même et les deux Roue associées.

L'exemple suivant illustre l'utilisation du clonage en profondeur de la classe Moto déclarée précédemment. La méthode static Object.ReferencesEquals() est ensuite appelée afin de vérifier que les instances des deux Roue de la Moto clonée ne sont pas les mêmes que celles de la Moto originale.

```
Moto m1;
Moto m2;

m1 = new Moto();

// Cloner la moto
m2 = (Moto)m1.Clone();

Console.Write("Références identiques (roues avant) ? ");
Console.WriteLine(Object.ReferenceEquals(m1.RoueAvant,
  ➥m2.RoueAvant));

Console.Write("Références identiques (roues arr.) ? ");
Console.WriteLine(Object.ReferenceEquals(m1.RoueArrière,
  ➥m2.RoueArrière));
```

Attention

L'appel de la méthode Clone() sur un tableau n'effectue pas une copie en profondeur des objets contenus dans ce dernier (si les objets sont de type référence). Après clonage d'un tableau, il en résultera deux tableaux qui feront référence aux mêmes objets.

La classe *BitConverter*

```
// Convertir des octets spécifiés en leur
// représentation sous forme de chaîne hexadécimale
public static string ToString(byte[] octets,
  ➥int début, int longueur)
```

```
// Convertir des types primitifs en octets
public static byte[] GetBytes(bool booléen);
public static byte[] GetBytes(char caractère);
public static byte[] GetBytes(double nombre);
public static byte[] GetBytes(int nombre);
public static byte[] GetBytes(long nombre);
```

```
// Convertir des octets en type primitif
public static bool ToBoolean(byte[] octets,
  ➥int index);
public static bool ToChar(byte[] octets, int index);
public static bool ToDouble(byte[] octets, int index);
public static bool ToInt32(byte[] octets, int index);
public static bool ToInt64(byte[] octets, int index);
```

La classe `System.BitConverter` contient des méthodes `static` permettant de convertir des types primitifs en tableau d'octets (`byte[]`) et inversement.

Pour convertir un type primitif en un tableau d'octets, il faut utiliser la méthode `GetBytes()`. La taille du tableau obtenu dépend du type primitif spécifié. Par exemple, la méthode `GetBytes(int)` permet de convertir un entier de type `int` en un tableau de 4 octets (32 bits).

Les méthodes `ToBoolean()`, `ToChar()`, `ToDouble()`, `ToInt32()` et `ToInt64()` permettent de convertir des octets en un type primitif. Le nombre d'octets doit être suffisant selon le type primitif sinon une exception sera déclenchée. Par exemple, la méthode `ToInt32()` doit prendre en paramètre un tableau contenant au moins 4 octets (32 bits).

Le paramètre `index` permet de spécifier à partir de quel indice du tableau le type primitif doit être converti.

La méthode `ToString()` permet de convertir un tableau d'octets en une représentation sous forme de chaîne de caractères. Chaque octet est exprimé dans sa valeur hexadécimale et est séparé par un tiret. Cette méthode est très utilisée lors du déboguage d'applications.

L'exemple suivant illustre la conversion d'un entier en octets et la conversion deux octets contenus dans un tableau en un caractère.

```
int entier;
byte[] octets;
char caractère;

entier = 1664;

// Convertir entier en octets et afficher sa
// représentation sous forme de chaîne
octets = BitConverter.GetBytes(entier);
Console.Write("Octets : ");
Console.WriteLine(BitConverter.ToString(octets, 0, 4));


// Créer un tableau d'octets contenant aux indices
// 3 et 4 les valeurs 0x47-0x00
octets = new byte[] { 0, 0, 0, 0x47, 0 };

// Récupérer le caractère (2 octets) contenu
// à l'indice 3
caractère = BitConverter.ToChar(octets, 3);

Console.WriteLine("Caractère : " + caractère);
```

Le résultat affiché sur la console est le suivant :

```
Octets : 80-06-00-00
Caractère : G
```

La classe *Buffer*

```
// Obtenir le nombre d'octets du tableau spécifié
public static int ByteLength(Array tableau);
```

```
// Copier un nombre spécifié d'octets d'un tableau
// vers un autre tableau
public static void BlockCopy(Array source,
  ➥int sourceDébut, Array destination,
  ➥int destinationDébut, int longueur)
```

La classe `System.Buffer` contient des méthodes `static` permettant de manipuler des octets d'un tableau de type primitif.

La méthode `ByteLength()` retourne le nombre d'octets d'un tableau contenant des types primitifs. Par exemple, pour un tableau contenant 10 entiers de type `int` (32 bits), cette méthode retournera 40 octets (10 × 4).

La méthode `BlockCopy()` permet de copier un certain nombre d'octets d'un tableau vers un autre tableau. Les tableaux ne doivent pas être obligatoirement du même type. Le nombre d'octets à copier dans le tableau `source` est spécifié par le paramètre `longueur`.

Les indices `sourceDébut` et `destinationDébut` permettent de spécifier, respectivement, l'indice d'octet de début du tableau `source` à partir duquel la copie sera effectuée et l'indice d'octet de début du tableau `destination` où les octets seront copiés. Par exemple, si l'on dispose d'un tableau `source` de 2 entiers de type `int` (qui tient alors au total sur 8 octets) et que l'on souhaite copier le deuxième entier, il faudra alors spécifier 4 pour le paramètre `sourceDébut` afin de démarrer la copie à partir du 5e octet.

L'exemple suivant illustre la copie de deux entiers de type `int` contenu dans un tableau d'octets. La taille en octets du tableau d'entiers est ensuite affichée sur la console.

```
byte[] octets;
int[] entiers;

// Création d'un tableau contenant 3 octets + 2 int
// + 1 octet
octets = new byte[] { 0, 0, 0, 16, 0, 0, 0, 64, 0,
  ➥0, 0, 0 };
entiers = new int[2];

// Copier les octets depuis l'indice 3 sur
// une longueur 8
Buffer.BlockCopy(octets, 3, entiers, 0, 8);
Console.WriteLine("Entiers récupérés : {0}-{1}",
  ➥entiers[0], entiers[1]);
Console.WriteLine("Le tableau tient sur {0} octets",
  ➥Buffer.ByteLength(entiers))
```

Le résultat affiché sur la console est le suivant :

```
Entiers récupérés : 16-64
Le tableau tient sur 8 octets
```

9

Les collections

De base, le regroupement d'objets ne peut se faire qu'avec des tableaux. Mais la notion de « collection » permet d'offrir des structures de données beaucoup plus abstraites aux développeurs. Le .NET Framework contient donc un ensemble de classes de collections, que vous pouvez utiliser ou étendre. Depuis la version 2.0 de C#, les collections utilisent les génériques, qui garantissent à votre code un typage fort.

Les itérateurs

```
// Interface IEnumerable
public interface IEnumerable
{
   IEnumerator GetEnumerator();
}
// Interface générique IEnumerable<T>
public interface IEnumerable<T> : IEnumerable
{
   IEnumerator<T> GetEnumerator();
}
```

```
// Interface IEnumerator
public interface IEnumerator
{
   // Rétablit l'itérateur à la position initiale
   void Reset();

   // Avance l'itérateur à l'élément suivant
   bool MoveNext();

   // Obtient l'élément actuel
   object Current { get; }
}

// Interface générique IEnumerator<T>
public interface IEnumerator<T> : IEnumerator
{
   // Obtient l'élément actuel
   T Current { get; }
}
```

```
// Parcours d'une collection IEnumerable
IEnumerator itérateur;
itérateur = <collection IEnumerable>.GetEnumerator();
while (itérateur.MoveNext())
{
   <type> <variable>;
   <variable> = itérateur.Current;
}

// Version condensée avec l'instruction foreach
foreach(<type> <variable> in <collection IEnumerable>)
{
   // Code de la boucle
}
```

Les *itérateurs* permettent de parcourir de manière abstraite (sans connaître l'implémentation réelle) une collection. Ce parcours se fait élément par élément et en avant uniquement. Il n'est pas possible de repartir en arrière ou de sauter des éléments. Par contre, il est possible de réinitialiser le parcours et de revenir au tout début.

Toutes les collections fournies avec le .NET Framework peuvent être parcourues à l'aide d'un itérateur.

Pour qu'un objet soit *itérable* à l'aide d'un itérateur, il faut que la classe associée implémente l'interface `IEnumerable`. Cette interface contient une méthode `GetEnumerator()` qui doit retourner une nouvelle instance d'un itérateur.

Un itérateur est une classe qui implémente l'interface `IEnumerator` et se charge de parcourir (itérer) l'objet où la méthode `GetEnumerator()` a été appelée.

L'interface `IEnumerator` demande d'implémenter une méthode `MoveNext()` permettant d'avancer la position de l'itérateur sur l'objet parcouru. `MoveNext()` doit retourner `true` si l'itérateur se trouve sur un élément ou `false` si l'itérateur est arrivé à la fin.

Durant le parcours, la propriété `Current` doit retourner l'élément courant où se trouve l'itérateur.

La méthode `Reset()` permet à l'itérateur de revenir au tout début de l'objet à parcourir.

Un objet qui implémente l'interface `IEnumerable` peut être parcouru à l'aide de l'instruction `foreach`, ce qui permet de simplifier le code. Si aucun élément n'est contenu dans l'objet à parcourir, c'est-à-dire que le premier appel à `MoveNext()` retourne `false`, alors le code contenu dans le `foreach` n'est pas exécuté.

Lors de l'implémentation d'un l'itérateur ou d'un objet pouvant être itéré, il est nécessaire de respecter les règles suivantes :

- La méthode `GetEnumerator()` de l'interface `IEnumerable` doit toujours retourner une nouvelle instance d'un itérateur.

- L'appel à méthode `Reset()` de l'interface `IEnumerator` doit placer l'itérateur avant le premier élément. Un appel à `MoveNext()` est donc obligatoire et la propriété `Current` doit déclencher une exception de type `InvalidOperationException` afin de signaler que l'itérateur se trouve sur aucun élément. Si le retour au début n'est pas possible, il faut dans ce cas déclencher une exception de type `InvalidOperationException`.
- Lors de l'instanciation d'un itérateur, celui-ci doit se positionner avant le premier élément de l'objet à parcourir (équivalent à l'appel d'un `Reset()`).
- Il est possible de faire plusieurs appels à `MoveNext()`, même si l'itérateur se trouve à la fin de l'objet parcouru. Dans ce cas, la propriété `Current` doit déclencher une exception de type `InvalidOperationException` pour indiquer qu'il n'existe aucun élément à la position courante de l'itérateur.
- Durant le parcours, il ne doit pas être possible de modifier les éléments de l'objet parcouru. Dans ce cas, il faudra déclencher une exception de type `InvalidOperationException` au prochain appel de `MoveNext()`.

L'exemple suivant illustre une classe `Etudiant` contenant le nom associé. Ces étudiants sont regroupés dans une classe `Promotion`. La classe `Promotion` implémente l'interface `IEnumerable<Etudiant>` et retourne une instance d'une classe imbriquée de type `PromotionEnumerator`, qui représente un itérateur permettant d'itérer les étudiants contenus dans la promotion.

```
class Etudiant
{
    private string nom;

    public Etudiant(string nom)
    {
        this.nom = nom;
```

```
    }

    public string Nom
    {
        get { return this.nom; }
    }
}

class Promotion : IEnumerable<Etudiant>
{
    private Etudiant[] étudiants;

    // Nombre d'étudiants réels dans le tableau
    private int nombreEtudiants;
    // Version permettant de détecter les changements
    // lors de l'ajout d'un étudiant
    private int version;

    public Promotion()
    {
        // Il peut y avoir au maximum 10 étudiants
        this.étudiants = new Etudiant[10];
    }

    public void Ajouter(Etudiant étudiant)
    {
        this.étudiants[this.nombreEtudiants] = étudiant;
        this.nombreEtudiants++;
        this.version++;
    }

    public IEnumerator<Etudiant> GetEnumerator()
    {
        return new PromotionEnumerator(this);
    }

    IEnumerator IEnumerable.GetEnumerator()
    {
       // Appeler GetEnumerator() implémenté implicitement
```

```
        return this.GetEnumerator();
    }

    // ... Classe imbriquée PromotionEnumerator
}
```

Un champ `version` est ajouté à la classe `Promotion`. Ce champ est incrémenté à chaque ajout d'un étudiant. Cela permettra à l'itérateur de contrôler s'il y a eu des changements dans l'instance `Promotion` associée durant le parcours.

Lors de l'instanciation de `PromotionEnumerator`, l'instance de la promotion est passée en paramètre au constructeur. Cette instance permettra à l'itérateur d'avoir accès au contenu de la classe `Promotion`. Une classe imbriquée pouvant avoir accès aux membres privés de la classe conteneur, il est alors possible à l'itérateur `PromotionEnumerator` d'avoir accès au tableau et au champ `version` de `Promotion`.

L'interface générique `IEnumerable<T>` contient deux méthodes `GetEnumerator()` avec des types de retour différents. Il est donc nécessaire d'implémenter l'une des deux méthodes de manière explicite.

L'exemple qui suit est l'implémentation de la classe imbriquée `PromotionEnumerator` qui implémente `IEnumerator<Etudiant>`.

```
// La classe PromotionEnumerator est imbriquée dans
// la classe Promotion
class PromotionEnumerator : IEnumerator<Etudiant>
{
    // Index où se trouve positionner l'itérateur
    private int? index;
    // Version de la promotion au moment de la création
    // de l'itérateur
    private int version;
```

```
// Promotion actuellement parcourue
private Promotion promotion;

public PromotionEnumerator(Promotion promotion)
{
    this.promotion = promotion;
    // Récupérer la version courante de la promotion
    this.version = promotion.version;
}

public Etudiant Current
{
    get
    {
        if (this.index == null)
        {
            throw new InvalidOperationException(
              ➥"L'itérateur ne se trouve sur
              ➥aucun élément");
        }

        return this.promotion.étudiants
          ➥[this.index.Value];
    }
}

// N'est pas utilisé
public void Dispose()
{
}

object IEnumerator.Current
{
    // Appeler Current implémenté implicitement
    get { return this.Current; }
}
```

```
    public bool MoveNext()
    {
        // Contrôler si la promotion n'a pas changé
        if (this.version != this.promotion.version)
        {
            throw new InvalidOperationException(
               ➥"La promotion a changé");
        }

        if (this.index == null)
        {
            // Amorcer le parcourt
            this.index = -1;
        }

        if (this.index + 1 ==
           ➥this.promotion.nombreEtudiants)
        {
            // On est arrivé à la fin
            return false;
        }

        // Incrémenter la position (index)
        // et retourner true.
        this.index++;
        return true;
     }

    public void Reset()
    {
        this.index = null;
    }
}
```

Voici maintenant un exemple qui utilise l'itérateur :

```
Promotion promotion;
IEnumerator<Etudiant> itérateur;
```

```
promotion = new Promotion();
promotion.Ajouter(new Etudiant("Gilles"));
promotion.Ajouter(new Etudiant("Aurélie"));
promotion.Ajouter(new Etudiant("Claude"));

// Parcourir tous les étudiants de la promotion
itérateur = promotion.GetEnumerator();
while (itérateur.MoveNext() == true)
{
   Console.WriteLine(itérateur.Current.Nom);
}
```

L'exemple précédent produira sur la console :

```
Gilles
Aurélie
Claude
```

Il est possible d'utiliser l'opérateur `foreach` pour parcourir tous les étudiants de la `Promotion`. Cela produira le même résultat que précédemment.

```
foreach (Etudiant e in promotion)
{
   Console.WriteLine(énumérateur.Current.Nom);
}
```

En cas de modification de la promotion durant un parcours à l'aide de l'itérateur `PromotionEnumerateur`, une exception de type `InvalidOperationException` est automatiquement déclenchée.

```
foreach (Etudiant e in promotion)
{
   // Déclenchement d'une exception
   // à la prochaine itération
   promotion.Ajouter(new Etudiant("Laurent"));
}
```

Les listes : *List<T>*

```
// Créer une liste
public List<T>();
```

```
// Obtenir le nombre d'éléments
public int Count { get; }
// Récupérer ou modifier l'élément à l'index spécifié
public T this[int index] { get; set; }
```

```
// Ajouter un élément
public void Add(T élément);
// Insérer un élément
public void Insert(int index, T élément);
```

```
// Supprimer un élément
public bool Remove(T élément);
public void RemoveAt(int index);
```

```
// Rechercher la position d'un élément
public int IndexOf(T élément);
public int IndexOf(T élément, int index);
public int LastIndexOf(T élément);
public int LastIndexOf(T élément, int index);
// Rechercher un élément en fonction d'un prédicat
public T Find(Predicate<T> prédicat);
public T FindLast(Predicate<T> prédicat);
public List<T> FindAll(Predicate<T> prédicat);
```

```
// Trier les éléments d'une liste
public void Sort<T>();
public void Sort<T>(IComparer<T> comparateur);
public void Sort<T>(Comparison<T> comparaison);
```

```
// Copier les éléments de la liste
// vers un nouveau tableau
public T[] ToArray();
// Obtenir une plage d'éléments de la liste
public List<T> GetRange(int début, int nombre);
```

Les listes offrent quasiment les mêmes services qu'un tableau à la différence qu'elles peuvent contenir un nombre d'éléments qui peut varier durant l'exécution. Les éléments d'une liste peuvent être accessibles ou modifiables à l'aide d'indexeur.

La classe `List<T>` contient en interne un tableau qui est redimensionné au fur et à mesure que l'on ajoute des éléments.

Contrairement au tableau, il est possible d'insérer un élément en plein milieu d'une liste grâce à la méthode `Insert()`.

Les recherches d'un ou plusieurs éléments sur une liste s'effectuent avec les méthodes `Find()`, `FindLast()` et `FindAll()`. Il est possible d'effectuer des recherches afin de trouver la position (*index*) d'un élément dans une liste à l'aide des méthodes `IndexOf()` et `LastIndexOf()`.

Comme pour la classe `Array`, le tri peut s'effectuer à l'aide de l'implémentation de l'interface `IComparable<T>` pour les éléments de la liste mais aussi à l'aide d'un prédicat.

Le plus souvent, les listes servent de tableau « temporaire » dynamique. Elles sont alimentées et modifiées pendant le déroulement d'un algorithme et sont converties en un tableau à l'aide de la méthode `ToArray()`.

L'exemple suivant illustre l'utilisation d'une liste contenant des nombres. Un tri est d'abord effectué, suivi de plusieurs recherches d'éléments.

```
List<string> liste;
int index;
string personne;

liste = new List<string>();

// Ajouter des personnes
liste.Add("Gilles");
```

```
liste.Add("Claude");
liste.Add("Laurent");

// Trier la liste
liste.Sort();

// Insérer "Aurélie" en première position
liste.Insert(0, "Aurélie");

// Afficher le contenu de la liste
for (int i = 0; i < liste.Count; i++)
{
    Console.WriteLine(i + " --> " + liste[i]);
}

// Rechercher la position de la chaîne "Gilles"
index = liste.IndexOf("Gilles");
Console.WriteLine("Position de Gilles : " + index);

// Rechercher la première personne contenant
// la lettre "u"
personne = liste.Find(e => e.Contains("u") == true);
Console.WriteLine(index);
```

Le résultat produit sur la console sera le suivant :

```
0 --> Aurélie
1 --> Claude
2 --> Gilles
3 --> Laurent
Position de Gilles : 2
Personne trouvée : Aurélie
```

Les dictionnaires : *Dictionary<TClé, TValeur>*

```
// Créer un dictionnaire
public Dictionary<TClé, TValeur>();
```

```
// Obtenir le nombre d'éléments contenu
public int Count { get; }
```

```
// Obtenir un itérateur des paires clé/valeur
public Dictionary<TClé, TValeur>.Enumerator
GetEnumerator();
// Obtenir les clés du dictionnaire
public Dictionary<TClé, TValeur>.KeyCollection
  ➥Keys { get; }
// Obtenir les valeurs d'un dictionnaire
public Dictionary<TClé, TValeur>.ValueCollection
  ➥Values {get;}
```

```
// Obtenir ou modifier l'élément à associer
// à la clé spécifiée
public TValeur this[TClé clé] { get; set; }
// Obtenir la valeur associée à la clé spécifiée
public bool TryGetValue(TClé clé, out TValeur valeur);

// Déterminer si la clé existe dans le dictionnaire
public bool ContainsKey(TClé clé);
// Déterminer si une valeur existe dans
// le dictionnaire
public bool ContainsValue(TValue valeur);
```

```
// Ajouter un élément dans un dictionnaire
public void Add(TClé clé, TValeur valeur);
// Supprimer un élément dans un dictionnaire
public void Remove(TClé clé);
```

Les dictionnaires sont des collections de paires composées d'une clé et d'une valeur. Les clés et les valeurs peuvent être de n'importe quel type (entiers, chaînes de caractères, `Etudiant`, etc.). Le type ne peut changer après instanciation du dictionnaire. Les clés doivent être uniques dans un dictionnaire, mais les doublons sur les valeurs sont autorisés.

La classe `Dictionary<TClé, TValeur>` contient deux paramètres de type qui sont le type des clés et le type des valeurs associées.

L'ajout d'une paire se fait à l'aide de la méthode `Add()` en spécifiant en paramètre la clé et la valeur associée, mais elle peut se faire à partir de la méthode `set` de l'*indexeur*. La suppression d'une paire ne peut se faire qu'à partir de la clé associée.

Les dictionnaires permettent de récupérer très rapidement une valeur à partir d'une clé spécifiée. L'indexeur de la classe `Dictionary<TClé, TValeur>` prend en paramètre la clé de la valeur associée à récupérer. L'appel à la méthode `get` sur une clé inexistante, provoquera la levée d'une exception. Il faut dans ce cas utiliser la méthode `TryGetValue()` permettant de récupérer si possible la valeur associée à une clé spécifiée.

La classe `Dictionary<TClé, TValeur>` implémente l'interface `IEnumerable` permettant de parcourir les paires de clé/valeur contenues dans une instance de `KeyValuePair<TClé, TValeur>`. Il est possible de parcourir uniquement les clés ou les valeurs en utilisant les collections retournées par les propriétés `Keys` et `Values`.

L'exemple qui suit illustre la création d'un dictionnaire de personnes avec comme clé un identifiant.

```
Dictionary<int, string> d;
string valeur;

d = new Dictionary<int, string>();
```

```
d.Add(16, "Gil");
d.Add(64, "Aurélie");
d.Add(33, "Laurent");

// Ajout d'une personne (clé inexistante)
d[51] = "Claude";

// Correction du prénom Gilles
d[16] = "Gilles";

// Afficher toutes les clés et les valeurs associées
foreach (KeyValuePair<int, string> paire in d)
{
    Console.WriteLine(paire.Key + "=" + paire.Value);
}

// Essayer de récupérer la valeur de la clé 51
if (d.TryGetValue(51, out valeur) == true)
{
    Console.WriteLine("Valeur trouvée : " + valeur);
}

// Indiquer si le dictionnaire contient la clé 64
Console.WriteLine("Clé 64 existante ? " +
  ➥d.ContainsKey(64));

// Indique si le dictionnaire contient la valeur
// "Benoît"
Console.Write("Valeur 'Benoît' existante ? ");
Console.WriteLine(d.ContainsValue("Benoît"));
```

Voici maintenant le résultat produit sur la console :

```
16=Gilles
64=Aurélie
33=Laurent
51=Claude

Valeur trouvée : Claude
Clé 64 existante ? True
Valeur 'Benoît' existante ? False
```

Les piles : *Stack<T>*

```
// Créer une pile d'objets
public Stack<T>();
```

```
// Obtenir le nombre d'objets contenus dans la pile
public int Count { get; }
```

```
// Ajouter un objet en haut de la pile
public void Push(T objet);
// Retirer et obtenir l'objet en haut de la pile
public T Pop();
// Obtenir l'objet en haut de la pile
// sans le supprimer
public T Peek();
```

La classe `Stack<T>` permet de modéliser des piles d'objets de type

Par définition, comme pour une pile d'assiettes, on ne peut ajouter un objet qu'au sommet de la pile. On utilise pour cela la méthode `Push()`. Il est impossible de retirer ou d'accéder à un objet situé en plein milieu de la pile. Seule la méthode `Pop()` permet de récupérer et de supprimer l'objet situé au sommet de la pile. La méthode `Peek()` récupère uniquement l'objet situé au sommet sans le retirer.

L'exemple qui suit illustre l'utilisation d'une pile constituée de prénoms.

```
Stack<string> s;

s = new Stack<string>();
s.Push("Gilles");
s.Push("Aurélie");
s.Push("Laurent");

Console.WriteLine("Nombre de prénoms : " + s.Count);
```

```
Console.WriteLine("Prénom au sommet : " + s.Peek());

// Suppression du prénom ("Laurent") situé au sommet
s.Pop();

// Affichage des prénoms restant
while (s.Count > 0)
{
    Console.WriteLine(s.Pop());
}
```

Voici le résultat obtenu sur la console :

```
Nombre de prénoms : 3
Prénom au sommet : Laurent
Aurélie
Gilles
```

Les files : *Queue<T>*

```
// Créer une file d'objets
public Queue<T>();
```

```
// Obtenir le nombre d'objets contenus dans la file
public int Count { get; }
```

```
// Ajouter un objet à la fin de la file
public void Enqueue(T objet);
// Retirer et obtenir l'objet au début de la file
public T Dequeue();
// Obtenir l'objet au début de la file
// sans le supprimer
public T Peek();
```

La classe `Queue<T>` permet de modéliser des files d'objets. Les files peuvent être considérées à l'image d'une file d'attente au guichet d'un cinéma : c'est le premier arrivé qui sera le premier servi (FIFO : *First In First Out*).

L'ajout d'un objet à la fin de la file se fait à l'aide de la méthode `Enqueue()`. À l'inverse, la méthode `Dequeue()` permet de retirer et récupérer l'objet se trouvant au début de la file.

Il est possible de récupérer l'objet se trouvant au début de la file sans le retirer *via* la méthode `Peek()`.

L'exemple suivant illustre l'utilisation d'une file constituée de prénoms.

```
Queue<string> s;

s = new Queue<string>();
s.Enqueue("Gilles");
s.Enqueue("Aurélie");
s.Enqueue("Laurent");

Console.WriteLine("Nombre de prénoms : " + s.Count);
Console.WriteLine("Prénom au sommet : " + s.Peek());

// Suppression du prénom ("Gilles") situé au début
// de la file
s.Dequeue();

// Affichage des prénoms restant
while (s.Count > 0)
{
    Console.WriteLine(s.Dequeue());
}
```

Voici le résultat obtenu sur la console :

```
Nombre de prénoms : 3
Prénom au sommet : Gilles
Aurélie
Laurent
```

Initialiser une collection lors de sa création (C# 3.0)

```
// Déclarer une collection
<type collection> <instance>;

// Créer une collection
<instance> = new <type collection>() { <élément1>[,
  ➥...] }
```

Avec C# 3.0, il est possible d'initialiser une collection lors de sa création (comme pour les tableaux). L'initialisation d'une collection nécessite que cette dernière dispose d'une méthode `Add()`.

Les types des différents éléments spécifiés à l'initialisation doivent correspondre au type des paramètres de la méthode `Add()` de la collection. Par exemple, il n'est pas possible d'initialiser une liste de chaînes de caractères avec des entiers. En effet, la méthode `Add()` de la classe `List<string>` prend en paramètre une chaîne de caractères et non un entier.

L'exemple suivant illustre l'instanciation et l'initialisation d'une liste de chaînes de caractères contenant des prénoms.

```
List<string> prénoms;

prénoms = new List<string>() { "Gilles", "Claude" };
```

Voici l'équivalent du code précédent avec plusieurs appels à la méthode `Add()`.

```
List<string> prénoms;

prénoms = new List<string>();
prénoms.Add("Gilles");
prénoms.Add("Claude");
```

Dans le cas de classe `Dictionary<TClé, TValeur>`, la méthode `Add()` prend deux paramètres qui sont la clé et la valeur associée. Les éléments devant être spécifiés à l'initialisation doivent donc être des couples de clé/valeur.

L'exemple suivant illustre l'instanciation et l'initialisation d'un dictionnaire de type `Dictionary<int, string>`.

```
Dictionary<int, string> personnes;

personnes = new Dictionary<int, string>()
{
    { 16, "Gilles" },
    { 64, "Claude" }
};
```

10

Les flux

Les flux peuvent être vus comme des séquences d'octets, tels un fichier, un canal de communication réseau ou une zone mémoire. Les flux offrent trois services qui sont la lecture, l'écriture et le déplacement de la position courante.

Un flux est associé à une position courante qui représente l'emplacement où seront lues ou écrites les données. Cette position est automatiquement déplacée au fur et à mesure d'une opération de lecture ou d'écriture. Certains flux, comme par exemple les canaux de communication réseau, ne supportent pas l'opération de déplacement de la position courante.

Les flux héritent de la classe abstraite `Stream` et doivent l'implémenter. Ainsi, un code peut lire ou écrire des octets sur un flux sans savoir réellement où ils seront lus ou écrits.

Les opérations de lecture et d'écriture manipulent des octets (de type `byte`). Le .NET Framework contient des classes appelées des lecteurs (*reader*) et des écrivains (*writer*). Ils permettant de lire et d'écrire des types plus abstraits tel que des chaînes de caractères ou des entiers et se chargent de réaliser la conversion en octets en fonction du codage choisi.

Utiliser les flux (*Stream*)

```
// Lire un octet
public int ReadByte();
// Lire une séquence d'octets et stocker le résultat
// dans tab
public int Read(byte[] tab, int offset, int longueur);
```

```
// Écrire un octet
public void WriteByte(byte valeur);
// Écrire une séquence d'octets contenus dans le
// tableau tab
public void Write(byte[] tab, int offset,
  ➥int longueur);
// Forcer l'écriture des données se trouvant en
// mémoire tampon
public void Flush();
```

```
// Obtenir la position actuelle du flux en octets
public long Position { get; }
// Déplacer la position actuelle du flux
public long Seek(long offset, SeekOrigin origine);
```

```
// Fermer le flux (libère les ressources)
public void Close();
// ou via l'implémentation de l'interface IDisposable
public void Dispose();
```

La classe `Stream` est la classe de base de tous les flux. Elle contient les services de lecture, d'écriture et de déplacement de la position courante du flux.

Les méthodes `Read()` et `Write()` prennent en paramètre un tableau qui contient les données lues où à écrire. Ces octets sont placés ou récupérés dans le tableau à partir d'une position et sur une longueur définies par les paramètres `offset` et `longueur`.

Les opérations de lecture et d'écriture avancent automatiquement la position actuelle du flux. Cette dernière peut être récupérée à l'aide de la propriété `Position` et modifiée à l'aide de la méthode `Seek()` en spécifiant l'origine et l'`offset` du déplacement à réaliser.

Certains types de flux contiennent un mécanisme de mémoire tampon afin d'améliorer les performances d'écriture. La méthode `Flush()` permet de vider et forcer l'écriture des données contenues dans la mémoire tampon.

Les ressources internes utilisées par les flux doivent être libérées explicitement en appelant la méthode `Close()`. Dans ce cas, la méthode `Flush()` est automatiquement appelée afin d'écrire les données restantes dans la mémoire tampon. La classe `Stream` implémente l'interface `IDisposable`; il est donc possible d'appeler la méthode `Dispose()` qui fait appel à la méthode `Close()` en utilisant la clause `using`.

Utiliser les flux de fichier (*FileStream*)

```
// Créer un flux sur un fichier
public FileStream(string fichier, FileMode mode);
```

La classe `FileStream` représente un flux permettant de lire et écrire des octets sur un fichier. Le déplacement est autorisé sur ce type de flux.

L'exemple suivant illustre l'utilisation d'un flux obtenu en ouvrant un fichier contenant les octets suivants :

```
43 61 63 68 6F 75
```

Un octet est lu à l'aide de la méthode `ReadByte()` et les trois suivants à l'aide de la méthode `Read()`. La position courante est changée pour se situer sur le deuxième octet afin de pouvoir écrire un octet *via* la méthode `WriteByte()` suivi de trois autres octets *via* la méthode `Write()`.

```
using (Stream s = new FileStream("Fichier", FileMode.Open))
{
    byte[] t;
    t = new byte[3];

    // Lecture d'un octet
    Console.WriteLine("Octet lu : {0:X}", s.ReadByte());

    // Lecture de 3 octets
    s.Read(t, 0, 3);
    Console.WriteLine("Octets lus : {0:X}-{1:X}-{2:X}",
      ➥t[0], t[1], t[2]);

    // Se replacer sur le 2e octet
    Console.WriteLine("Avant déplacement : {0}",
      ➥s.Position);
    s.Seek(1, SeekOrigin.Begin);
    Console.WriteLine("Après déplacement : {0}",
      ➥s.Position);

    // Écrire un octet
    s.WriteByte(0x61);
    s.Flush();

    // Écrire 4 octets
    t = new byte[] { 0x73, 0x73, 0x65, 0x72 };
    s.Write(t, 0, 4);
}
```

Le résultat produit sur la console est le suivant :

```
Octet lu : 43
Octets lus : 61-63-68
Avant déplacement : 4
Après déplacement : 1
```

Le fichier après exécution du code contient les octets suivants :

```
43 61 73 73 65 72
```

Utiliser les flux en mémoire (*MemoryStream*)

```
// Créer un flux en mémoire
public MemoryStream();
// Créer un flux en mémoire initialisé avec
// des octets
public MemoryStream(byte[] octetsInitiales);
// Créer un flux en mémoire d'une capacité
// spécifiée
public MemoryStream(int capacité);
```

```
// Obtenir tous les octets contenus dans le flux
public byte[] ToArray();
```

La classe `MemoryStream` représente un flux permettant de lire ou d'écrire des octets dans un tableau (`byte[]`) en mémoire. Ce tableau est automatiquement agrandi si nécessaire et peut être obtenu grâce à la méthode `ToArray()`.

L'exemple suivant illustre la création et l'utilisation d'un `MemoryStream`.

```
// Création d'un flux mémoire d'une capacité
// de 10 octets
using (MemoryStream s = new MemoryStream(10))
{
  byte[] t, résultat;
  t = new byte[] { 0x43, 0x61, 0x63, 0x68, 0x67, 0x75 };

  // Écriture de 6 octets !
  s.Write(t, 0, 6);

  // Récupération de tous les octets contenus
  // dans le flux
  résultat = s.ToArray();

for (int i = 0; i < résultat.Length; i++)
```

```
    {
        Console.Write("{0:X} ", résultat[i]);
    }
}
```

Le résultat produit sur la console est le suivant :

```
43 61 63 68 67 75
```

Écrire sur un flux avec *StreamWriter*

```
// Créer un écrivain StreamWriter sur un flux
public StreamWriter(Stream stream);
// Créer un écrivain StreamWriter sur un flux et
// utilisant le codage spécifié
public StreamWriter(Stream stream, Encoding codage);
```

```
// Écrire un caractère
public void Write(char caractère);
// Écrire un réel de type decimal
public void Write(decimal réel);
// Écrire un réel de type double
public void Write(double réel);
// Écrire un entier
public void Write(int entier);
// Écrire une chaîne de caractères
public void Write(string chaîne);
// Écrire une chaîne de caractères de mise en forme
public void Write(string chaîne, params object[] args);
```

```
// Écrire un saut de ligne
public void WriteLine();
// Écrire un caractère suivi d'un saut de ligne
public void WriteLine(char caractère);
// Écrire un réel de type decimal suivi d'un saut
// de ligne
public void WriteLine(decimal réel);
```

```
// Écrire un réel de type double suivi d'un saut
// de ligne
public void WriteLine(double réel);
// Écrire un entier suivi d'un saut de ligne
public void WriteLine(int entier);
// Écrire une chaîne de caractères  suivie d'un saut
// de ligne
public void WriteLine(string chaîne);
// Écrire une chaîne de caractères de mise en forme
// suivie d'un saut de ligne
public void WriteLine(string chaîne, params object[]
  ➥args);
```

```
// Fermer l'écrivain et le flux sous-jacent
public void Close();
// ou via l'implémentation de l'interface IDisposable
public void Dispose();
```

L'écrivain `StreamWriter` permet d'écrire des types de base tels que des entiers, des chaînes de caractères, etc. au format texte dans un flux sous-jacent (`Stream`). Pour ce faire, l'une des surcharges de la méthode `Write()` doit être utilisée. Les surcharges de `WriteLine()` font appel aux surcharges de la méthode `Write()` mais elles ajoutent juste après un retour à la ligne.

L'encodage utilisé pour convertir ces types de base en texte doit être spécifié dans le constructeur de `StreamWriter`. Si aucun encodage n'est spécifié, le format UTF-8 est automatiquement utilisé.

L'exemple suivant illustre l'utilisation de l'écrivain `StreamWriter` permettant d'écrire du texte dans un flux de fichier.

```
// Création d'un flux sur un nouveau fichier
using (Stream s = new FileStream("Test.txt", FileMode.Create))
{
   // Création d'un écrivain sur le flux créé
   using (StreamWriter écrivain = new StreamWriter(s,
```

```
        ➥Encoding.Unicode))
    {
        écrivain.WriteLine("Bonjour {0} {1}",
            ➥"Gilles", "TOURREAU");

        écrivain.Write("Le prix ");
        écrivain.Write("de cet article ");
        écrivain.Write("est de : ");
        écrivain.Write(999.95);
        écrivain.WriteLine(" €");
    }
}
```

Voici le contenu du fichier *Test.txt* :

```
Bonjour Gilles TOURREAU
Le prix de cet article est de : 999,95 €
```

Lire sur un flux avec *StreamReader*

```
// Créer un lecteur StreamReader sur un flux
public StreamReader(Stream stream);
// Créer un lecteur StreamReader sur un flux et
// utilisant le codage spécifié
public StreamReader(Stream stream, Encoding codage);
```

```
// Lire un nombre spécifié de caractères
public int ReadBlock(char[] t, int début,
  ➥int longueur);
// Lire et retourner une ligne de caractères
public string ReadLine();
// Lire et retourner tous les caractères restant
// dans le flux
public string ReadToEnd();
```

```
// Fermer le lecteur et le flux sous-jacent
public void Close();
// ou via l'implémentation de l'interface IDisposable
public void Dispose();
```

Le lecteur `StreamReader` permet de lire des caractères contenus dans un flux sous-jacent (`Stream`).

L'encodage utilisé pour convertir les octets contenus dans le flux sous-jacent doit être spécifié au moment de la création du lecteur. Si aucun encodage n'est spécifié, le format UTF-8 est automatiquement utilisé.

La méthode `ReadLine()` permet de lire une ligne dans le flux sous-jacent. Une ligne correspond à tous les caractères compris entre la position actuelle du flux et un caractère de saut de ligne (ce dernier n'est pas récupéré).

La méthode `ReadToEnd()` lit tous les caractères compris entre la position actuelle du flux et sa fin.

La méthode `ReadBlock()` permet de lire un nombre de caractères spécifié par le paramètre `longueur`. Les caractères lus sont placés dans le tableau `t` à la position `début`.

L'exemple suivant illustre la lecture du fichier contenant le texte suivant :

```
Bonjour Gilles TOURREAU !
Programmer avec C#, c'est facile !
```

Voici l'exemple qui illustre la lecture de ce fichier.

```
using (Stream s = new FileStream("Test.txt",
  ➥FileMode.Open))
{
   using (StreamReader lecteur = new StreamReader(s,
     ➥Encoding.Unicode))
   {
      string texte;
      char[] t;
      t = new char[10];

      // Lire "Bonjour"
      lecteur.ReadBlock(t, 0, 7);
      Console.WriteLine(t, 0, 7);

      // Lire toute la ligne restante
      texte = lecteur.ReadLine();
      Console.WriteLine(texte);
```

```
        // Lire le reste du fichier
        texte = lecteur.ReadToEnd();
        Console.WriteLine(texte);
    }
}
```

Voici le résultat produit sur la console :

```
Bonjour
 Gilles TOURREAU !
Programmer avec C#, c'est facile !
```

Écrire sur un flux avec *BinaryWriter*

```
// Créer un écrivain BinaryWriter sur un flux
public BinaryWriter(Stream stream);
// Créer un écrivain BinaryWriter sur un flux et
// utilisant le codage spécifié pour les chaînes
// de caractères
public BinaryWriter(Stream stream, Encoding codage);
```

```
// Écrire un caractère
public void Write(char caractère);
// Écrire un réel de type decimal
public void Write(decimal réel);
// Écrire un réel de type double
public void Write(double réel);
// Écrire un entier
public void Write(int entier);
// Écrire une chaîne de caractères
public void Write(char[] chaîne);
// Écrire une chaîne de caractères  préfixée de
// sa longueur en octets
public void Write(string chaîne);
```

```
// Fermer l'écrivain et le flux sous-jacent
public void Close();
// ou via l'implémentation de l'interface IDisposable
public void Dispose();
```

L'écrivain `BinaryWriter` permet d'écrire, à l'aide des surcharges de la méthode `Write()`, des types de base tels que entiers, chaînes de caractères, etc., au format binaire dans un flux sous-jacent (`Stream`).

La surcharge de la méthode `Write(String)`, prenant en paramètre une chaîne de caractères (`string`), préfixe la chaîne écrite par sa longueur. Cela permet au lecteur de pouvoir connaître la longueur en octets de la chaîne de caractères lors de sa lecture. Pour écrire une chaîne de caractères sans la préfixer de sa longueur, il faut utiliser la surcharge `Write(char[])`.

L'encodage utilisé pour écrire les chaînes de caractères doit être spécifié dans le constructeur de `BinaryWriter`. Si aucun encodage n'est spécifié, le format UTF-8 est automatiquement utilisé.

L'exemple suivant illustre l'utilisation de l'écrivain `BinaryWriter`. Cet écrivain écrit un entier suivi de deux chaînes de caractères. La première est écrite avec la surcharge `Write(String)`, la suivante avec la surcharge `Write(char[])`.

```
// Création d'un flux sur un nouveau fichier
using (Stream s = new FileStream("Test.bin",
  ➥FileMode.Create))
{
    // Création d'un écrivain sur le flux créé
    using (BinaryWriter écrivain = new BinaryWriter(s,
      ➥Encoding.Unicode))
    {
        // Écriture d'un entier
        écrivain.Write(0x1664);
```

```
        // Écriture d'une chaîne de caractères
        // préfixée par sa longueur
        écrivain.Write("Gilles");

        // Écriture d'une chaîne de caractères
        écrivain.Write("TOURREAU".ToCharArray());
    }
}
```

Voici le contenu du fichier *Test.bin* :

```
64 16 00 00 0C 47 00 69 00 6C
00 6C 00 65 00 73 00 54 00 4F
00 55 00 52 00 52 00 45 00 41
00 55 00
```

Les caractères écrits dans ce fichier sont au format Unicode UTF-16. Ils sont donc codés sur 16 bits, soit deux octets.

Les quatre premiers octets représentent l'entier 1664 sur 32 bits. Vient ensuite l'octet ayant comme valeur 0C soit 12 en décimal qui correspond à la longueur en octets de la chaîne « Gilles », codée avec Unicode UTF-16. Les octets restants représentent la chaîne de caractères « TOURREAU » qui est elle aussi codée avec Unicode UTF-16.

Lire un flux avec *BinaryReader*

```
// Créer un écrivain BinaryReader sur un flux
public BinaryReader(Stream stream);
// Créer un écrivain BinaryReader sur un flux et
// utilisant le codage spécifié pour les chaînes
// de caractères
public BinaryReader (Stream stream, Encoding codage);
```

```
// Lire un caractère
public char ReadChar();
// Lire un réel de type decimal
public decimal ReadDecimal();
```

```
// Lire un réel de type double
public double ReadDouble();
// Lire un entier de type int
public int ReadInt32();
// Lire une chaîne de caractères
public char[] ReadChars(int longueur);
// Lire une chaîne de caractères préfixée
// de sa longueur en octets
public string ReadString();
```

```
// Fermer le lecteur et le flux sous-jacent
public void Close();
// ou via l'implémentation de l'interface IDisposable
public void Dispose();
```

Le lecteur `BinaryReader` permet de lire des types de base tels que chaînes de caractères, entiers, etc. contenus dans un flux.

Une chaîne de caractères peut être lue directement *via* la méthode `ReadString()` si celle-ci est préfixée par sa longueur en octets.

L'encodage utilisé pour lire les chaînes de caractères doit être spécifié dans le constructeur de `BinaryReader`. Si aucun encodage n'est spécifié, le format UTF-8 est automatiquement utilisé.

L'exemple suivant illustre la lecture du fichier contenant les octets suivants :

```
64 16 00 00 0C 47 00 69 00 6C
00 6C 00 65 00 73 00 54 00 4F
00 55 00 52 00 52 00 45 00 41
00 55 00
```

Les caractères écrits dans ce fichier sont au format Unicode UTF-16. Ils sont donc codés sur 16 bits, soit deux octets.

Les quatre premiers octets représentent l'entier 1664 en hexadécimal codé sur 32 bits (`int`). Vient ensuite un octet ayant comme valeur 0C soit 12 en décimal qui correspond à la longueur de la chaîne « Gilles » qui suit, codée avec Unicode UTF-16. Les octets restants représentent la chaîne de caractères « TOURREAU », codée elle aussi avec Unicode UTF-16.

Le code suivant permet de lire ce fichier.

```
using (Stream s = new FileStream("Test.bin",
  ➥FileMode.Open))
{
    // Création d'un écrivain sur le flux créé
    using (BinaryReader lecteur = new BinaryReader(s,
      ➥Encoding.Unicode))
    {
        int entier;
        string chaîne;
        char[] t;

        // Lire l'entier sur 32-bit
        entier = lecteur.ReadInt32();
        Console.WriteLine("Entier lu : {0:X}", entier);

        // Lire la chaîne de caractères "Gilles"
        chaîne = lecteur.ReadString();
        Console.WriteLine("Chaîne lue : " + chaîne);

        // Lire la chaîne de caractères "TOURREAU"
        t = lecteur.ReadChars(8);
        Console.Write("Chaîne lue : ");
        Console.WriteLine(t);
    }
}
```

Voici le résultat affiché sur la console :

```
Entier lu : 1664
Chaîne lue : Gilles
Chaîne lue : TOURREAU
```

11

Les fichiers et répertoires

Manipuler les fichiers (*File*)

```
// Copier un fichier
public static void Copy(string source,
  ➥string destination);
// Copier un fichier avec écrasement si nécessaire
public static void Copy(string source,
  ➥string destination,
  ➥bool écraser);
```

```
// Supprimer un fichier
public static void Delete(string cheminFichier);
```

```
// Déterminer si un fichier est existant
public static bool Exists(string fichier);
```

```
// Ouvrir un fichier et retourner un FileStream
public static FileStream Open(string fichier,
  ➥FileMode mode,
  ➥FileAccess accès);
```

La classe static File contient des méthodes static permettant de manipuler des fichiers.

La méthode static Copy() permet de copier un fichier. Cette méthode déclenche une exception si le fichier destination existe déjà. Une surcharge de la méthode Copy() prend en paramètre un booléen permettant d'indiquer s'il faut écraser ou non le fichier de destination si ce dernier existe.

La méthode static Delete() permet de supprimer un fichier dont le chemin est spécifié en paramètre. Aucune exception n'est déclenchée si le fichier n'existe pas.

La méthode static Exists() permet de tester l'existence d'un fichier.

L'exemple suivant illustre le déplacement d'un fichier.

```
string source;
string destination;

source = @"C:\MesDocuments\DocumentWord.docx";
destination = @"C:\AutreEmplacement\AutreNom.docx";

// Vérifier si le fichier destination existe déjà
if (File.Exists(destination) == true)
{
    Console.WriteLine("Le fichier destination existe !");
}

// Copier le fichier
File.Copy(source, destination);

// Supprimer le fichier source
File.Delete(source);
```

La méthode static Open() permet d'ouvrir ou de créer un fichier en fonction du mode et de l'accès spécifiés en paramètres. Évitez d'utiliser le mode d'accès ReadWrite si vous ne souhaitez pas lire et écrire à la fois dans un fichier.

Le mode d'accès vous permet de protéger vos fichiers contre des failles qui seraient présentes dans votre application.

Les différentes valeurs de `FileMode` sont données au Tableau 11.1.

Tableau 11.1 : Les différentes valeurs de *FileMode*

Valeur	Description
`Append`	Ouvre le fichier s'il existe et place la position du flux à la fin du fichier.
`Create`	Crée un fichier ; si celui-ci existe il est remplacé.
`CreateNew`	Crée un fichier ; si celui-ci existe, une exception est déclenchée.
`Open`	Ouvre le fichier ; si celui-ci n'existe pas, une exception est déclenchée.
`OpenOrCreate`	Ouvre le fichier ; si celui-ci n'existe pas, il est automatiquement créé.
`Truncate`	Ouvre le fichier et efface tout son contenu.

Le Tableau 11.2 présente les différentes valeurs de `FileAccess`.

Tableau 11.2 : Les différentes valeurs de *FileAccess*

Valeur	Description
`Read`	Ouvre le fichier en lecture uniquement.
`ReadWrite`	Ouvre le fichier en lecture et écriture.
`Write`	Ouvre le fichier en écriture.

L'exemple suivant illustre l'utilisation de la méthode `Open()` pour ouvrir un fichier existant afin d'y écrire des octets.

```
using (Stream s =
  ➥File.Open(@"C:\MesDocuments\Document.txt",
  ➥FileMode.Open, FileAccess.Write))
{
    byte[] t;

    t = new byte[] { 16, 64 };

    // Écrire les octets contenus dans t
    s.Write(octets, 0, 2);
}
```

Manipuler les répertoires (*Directory*)

```
// Créer tous les répertoires et sous-répertoires
public static DirectoryInfo CreateDirectory(
  ➥string rép);
```

```
// Supprimer un répertoire spécifié
public static void Delete(string répertoire,
  ➥bool récursif);
```

```
// Déterminer si un fichier existe
public static bool Exists(string répertoire);
```

```
// Obtenir le répertoire courant de l'application
public static string GetCurrentDirectory();
```

```
// Déplacer un répertoire
public static void Move(string source, string destination);
```

```
// Récupérer tous les noms des fichiers contenus
// dans un répertoire
public static string[] GetFiles(string répertoire,
➥string patternRecherche, SearchOption options);
```

```
// Récupérer tous les noms des sous-répertoires
// contenus dans un répertoire
public static string[] GetDirectories(
   ➥string répertoire,
   ➥string patternRecherche, SearchOption options);
```

La classe `static Directory` contient des méthodes `static` permettant de manipuler des répertoires.

Chaque processus (instance d'une application) s'exécute dans un répertoire appelé plus communément *répertoire de travail*, qui peut être obtenu à l'aide de la méthode `GetCurrentDirectory()`. Il est possible de faire référence à ce répertoire courant dans toutes les méthodes contenues dans la classe `Directory` en utilisant le répertoire `.\`.

La méthode `CreateDirectory()` permet de créer un répertoire ainsi que tous les sous-répertoires nécessaires et retourne une instance `DirectoryInfo` contenant des informations relatives au répertoire nouvellement créé.

La méthode `DeleteDirectory()` permet de supprimer un répertoire avec tous ses sous-répertoires et fichiers inclus si le paramètre `récursif` est défini à `true`. Si le paramètre `récursif` est à `false`, le répertoire doit être vide sinon une exception sera déclenchée.

L'exemple suivant illustre la création et le déplacement d'un répertoire avant sa destruction.

```
string source;
string destination;

source = @"C:\MesDocuments\Documents Word\Livre";
destination = @"C:\Autre Répertoire";

// Création du répertoire :
// C:\MesDocuments\Documents Word\Livre
Directory.CreateDirectory(source);
```

```
// Déplacement du répertoire
// C:\MesDocuments\Documents Word\Livre
// vers C:\Autre Répertoire

Directory.Move(source, destination);
// Suppression du répertoire
// C:\Autre Répertoire\Livre
Directory.Delete(destination);
```

La méthode `GetFiles()` retourne un tableau contenant une liste de noms de fichiers avec leur chemin d'accès complet, en fonction d'un critère de recherche spécifié. Il en est de même avec les sous-répertoires en utilisant la méthode `GetDirectories()`. Le paramètre `patternRecherche` correspond aux fichiers (ou sous-répertoires) à rechercher. Les caractères jokers tel que `*` et `?` peuvent être utilisés si nécessaire. Le paramètre `options` de type `SearchOption` contient deux valeurs permettant d'indiquer si la recherche doit se faire soit dans le répertoire lui-même uniquement, soit se propager dans les sous-répertoires de manière récursive.

Tableau 11.3 : Les différentes valeurs de *SearchOption*

Valeur	Description
`TopDirectoryOnly`	La recherche doit se faire uniquement dans le répertoire.
`AllDirectories`	La recherche doit se faire dans le répertoire ainsi que dans tous ses sous-répertoires.

L'exemple qui suit illustre la recherche de différents fichiers contenus dans cette arborescence de fichiers :

```
C:\MesDocuments
    \Livre
        \GDS C#.docx
    \Article sur C#.txt
    \Lettre.docx
```

Voici trois exemples de recherche de fichiers dans l'arborescence précédente.

```
string[] fichiers;

Console.WriteLine(@"Recherche de tous les fichiers se
  ➥terminant par .docx dans le répertoire
  ➥C:\MesDocuments\ :");
fichiers = Directory.GetFiles(@"C:\MesDocuments\","*.docx",
  ➥SearchOption.TopDirectoryOnly);
foreach (string fichier in fichiers)
{
    Console.WriteLine(fichier);
}

Console.WriteLine();
Console.WriteLine(@"Recherche de tous les fichiers
  ➥contenant 'C#' dans le répertoire
  ➥C:\MesDocuments\ et ses sous-répertoires :");
fichiers = Directory.GetFiles(@"C:\MesDocuments\",
  ➥"*C#*", SearchOption.TopDirectoryOnly);
foreach (string fichier in fichiers)
{
    Console.WriteLine(fichier);
}

Console.WriteLine();
Console.WriteLine(@"Récupération de tous les fichiers
  ➥contenu dans C:\MesDocuments\ et ses
  ➥sous-répertoires :");
```

```
fichiers = Directory.GetFiles(@"C:\MesDocuments\", "*",
  ➥SearchOption.TopDirectoryOnly);
foreach (string fichier in fichiers)
{
    Console.WriteLine(fichier);
}
```

Le résultat produit sur la console sera le suivant :

```
Recherche de tous les fichiers se terminant par .docx dans le
répertoire C:\MesDocuments :
C:\MesDocuments\Lettre.docx

Recherche de tous les fichiers contenant 'C#' dans le
répertoire C:\MesDocuments\ et ses sous-répertoires :
C:\MesDocuments\Article sur C#.txt

Récupération de tous les fichiers contenu dans
C:\MesDocuments\ et ses sous-répertoires :
C:\MesDocuments\Article sur C#.txt
C:\MesDocuments\Lettre.docx
```

Obtenir des informations sur un fichier (*FileInfo*)

```
// Créer une instance FileInfo associée à un fichier
// spécifié
public FileInfo(string nomFichier);
```

```
// Obtenir le chemin d'accès complet du fichier
public string FullName { get; }

// Obtenir la longueur du fichier
public int Length { get; }

// Obtenir le nom du répertoire
public string DirectoryName { get; }
```

```
// Obtenir ou définir l'heure du dernier accès
// au fichier
public DateTime LastAccessTime { get; set; }

// Obtenir ou définir l'heure de la dernière écriture
public DateTime LastWriteTime { get; set; }

// Obtenir ou définir l'heure de création du fichier
public DateTime CreationTime { get; set; }
```

```
// Obtenir ou définir les attributs du fichier
public FileAttributes Attributes { get; set; }
```

La classe `FileInfo` permet de récupérer et de modifier des informations sur un fichier tel que :

- son chemin d'accès complet (propriété `FullName`),
- sa taille (propriété `Length`),
- ses date et heure de création (propriété `CreationTime`),
- ses date et heure de modification (propriété `LastWriteTime`),
- ses date et heure de dernier accès (propriété `LastAccessTime`),
- ses attributs (propriété `Attributes`),
- son répertoire (propriété `DirectoryName`).

Lors de l'instanciation de la classe `FileInfo`, le nom du fichier complet (c'est-à-dire avec le nom du répertoire) doit être spécifié en paramètre.

Les attributs de la propriété `Attributes` sont une combinaison des valeurs contenues dans l'énumération `FileAttributes`, valeurs décrites au Tableau 11.4.

Tableau 11.4 : Les différentes valeurs de *FileAttributes*

Valeur	Description
`ReadOnly`	Le fichier est en lecture seule.
`Hidden`	Le fichier est masqué.
`System`	Le fichier est un fichier système.
`Directory`	Le fichier est un répertoire.
`Archive`	Le fichier est archivé.
`Compressed`	Le fichier est compressé.
`Encrypted`	Le fichier est crypté.

L'exemple suivant illustre l'utilisation de la classe `FileInfo` afin d'afficher des informations relatives au fichier C:\Mes documents\GDS-C#.docx.

```
FileInfo i;

i = new FileInfo(@"C:\Mes documents\GDS-C#.docx");

Console.WriteLine("Chemin complet : {0}", i.FullName);
Console.WriteLine("Taille : {0}", i.Length);
Console.WriteLine("Répertoire : {0}", i.DirectoryName);

Console.WriteLine("Dernier accès : {0}", i.LastAccessTime);
Console.WriteLine("Dernière modification : {0}",
  ➥i.LastWriteTime);
Console.WriteLine("Création : {0}", info.CreationTime);

if ((i.Attributes & FileAttributes.Archive) ==
  ➥FileAttributes.Archive)
{
    Console.WriteLine("Le fichier a été sauvegardé !");
}
```

Obtenir des informations sur un répertoire (*DirectoryInfo*)

```
// Créer une instance DirectoryInfo associée
// à un répertoire spécifié
public DirectoryInfo(string nomRépertoire);
```

```
// Obtenir le chemin d'accès complet du répertoire
public string FullName { get; }

// Obtenir le répertoire parent
public DirectoryInfo Parent { get; }

// Obtenir la racine du répertoire
public DirectoryInfo Root { get; }
```

```
// Obtenir ou définir l'heure du dernier accès
// au répertoire
public DateTime LastAccessTime { get; set; }

// Obtenir ou définir l'heure de la dernière écriture
public DateTime LastWriteTime { get; set; }

// Obtenir ou définir l'heure de création
// du répertoire
public DateTime CreationTime { get; set; }
```

```
// Obtenir ou définir les attributs du répertoire
public FileAttributes Attributes { get; set; }
```

La classe `DirectoryInfo` permet de récupérer et de modifier des informations sur un fichier tel que :

- son chemin d'accès complet (propriété `FullName`) ;
- sa date et heure de création (propriété `CreationTime`) ;
- sa date et heure de modification (propriété `LastWriteTime`) ;

- sa date et heure de dernier accès (propriété `LastAccessTime`) ;
- ses attributs (propriété `Attributes`) ;
- son répertoire parent (propriété `Parent`) ;
- sa racine (propriété `Root`).

Lors de l'instanciation de la classe `DirectoryInfo`, le répertoire doit être spécifié en paramètre. Les propriétés `Parent` et `Root` retournent d'autres instances de `DirectoryInfo` représentant respectivement les répertoires parent et racine du répertoire associé.

Les attributs de la propriété `Attributes` sont une combinaison des valeurs de l'énumération `FileAttributes`, décrites au Tableau 11.5.

Tableau 11.5 : Les différentes valeurs de *FileAttributes*

Valeur	Description
`ReadOnly`	Le répertoire est en lecture seule.
`Hidden`	Le répertoire est masqué.
`System`	Le répertoire est un fichier système.
`Directory`	Le répertoire est un répertoire.
`Archive`	Le répertoire est archivé.
`Compressed`	Le répertoire est compressé.
`Encrypted`	Le répertoire est crypté.

L'exemple suivant illustre l'utilisation de la classe `DirectoryInfo` afin d'afficher des informations sur le répertoire C:\Mes documents.

```
DirectoryInfo i;

i = new DirectoryInfo(@"C:\Mes documents\");

Console.WriteLine("Chemin complet : {0}", i.FullName);
Console.WriteLine("Parent : {0}", i.Parent.FullName);
Console.WriteLine("Racine : {0}", i.Root.FullName);

Console.WriteLine("Dernier accès : {0}",
  ➥i.LastAccessTime);
Console.WriteLine("Dernière modification : {0}",
  ➥i.LastWriteTime);
Console.WriteLine("Création : {0}", info.CreationTime);

if ((i.Attributes & FileAttributes.Archive) ==
  ➥FileAttributes.Archive)
{
  Console.WriteLine("Le répertoire a été sauvegardé !");
}
```

Obtenir des informations sur un lecteur (*DriveInfo*)

```
// Créer une instance DriveInfo associée à
// un lecteur spécifié
public DriveInfo(string lecteur);

// Récupérer tous les lecteurs de l'ordinateur
public static DriveInfo[] GetDrives();
```

```
// Obtenir la lettre du lecteur
public string Name { get; }

// Obtenir ou définir l'étiquette du lecteur
public string VolumeLabel { get; set; }
```

```
// Obtenir le nom du système de fichiers du lecteur
public string DriveFormat { get; }

// Obtenir le type de lecteur
public DriveType DriveType { get; }

// Obtenir le volume total d'espace libre (en octets)
public long TotalFreeSpace { get; }

// Obtenir la taille totale d'espace (en octets)
public long TotalSize { get; }
```

La classe `DriveInfo` permet de récupérer et de modifier des informations sur un lecteur tel que :

- son nom (propriété `Name`) ;
- son étiquette de volume (propriété `VolumeLabel`) ;
- son type de système de fichiers (propriété `DriveFormat`) ;
- son type (propriété `DriveType`) ;
- son volume total d'espace libre en octets (propriété `TotalFreeSpace`) ;
- sa taille totale en octets(propriété `TotalSize`).

Lors de l'instanciation de la classe `DriveInfo`, la lettre du lecteur doit être spécifiée en paramètre. Il est possible de récupérer tous les lecteurs actuellement disponibles de l'ordinateur actif en utilisant la méthode static `GetDrives()`.

Le type de lecteur obtenu par la propriété `DriveType` est l'une des valeurs de l'énumération `DriveType`, décrites au Tableau 11.6.

Tableau 11.6 : Les différentes valeurs de *DriveType*

Valeur	Description
`CDRom`	Le lecteur est un périphérique de disque optique (CD ou DVD).
`Fixed`	Le lecteur est un disque fixe.
`Network`	Le lecteur est un lecteur réseau.
`Ram`	Le lecteur est un disque RAM.
`Removable`	Le lecteur est un périphérique de stockage amovible (lecteur de disquette, clé USB, etc.).
`Unknown`	Le lecteur est de type inconnu.

L'exemple suivant illustre l'utilisation de la classe `DriveInfo` afin d'afficher des informations sur tous les lecteurs présents sur l'ordinateur actif.

```
foreach (DriveInfo l in DriveInfo.GetDrives())
{
    Console.WriteLine("Nom : {0}" , l.Name);
    Console.WriteLine("Format : {0}", l.DriveFormat);
    Console.WriteLine("Dispo : {0} Go",
      ➥l.TotalFreeSpace / 1024 / 1024 / 1024);
    Console.WriteLine("Taille : {0} Go",
      ➥l.TotalSize / 1024 / 1024 / 1024);

    if (l.DriveType == DriveType.Fixed)
    {
      Console.WriteLine("C'est un disque dur !");
    }
    else
    {
      Console.WriteLine("Ce n'est pas un disque dur !");
    }
}
```

12

Les threads

De nos jours, les ordinateurs disposent d'une architecture matérielle multiprocesseur permettant d'exécuter plusieurs instances d'un code en parallèle. Cette instance est appelée plus communément un *thread*. Le .NET Framework contient une classe `Thread` permettant de créer et manipuler de tels threads. Chaque instance de la classe `Thread` est chargée d'exécuter une méthode. Lorsque la méthode est terminée, le thread est considéré comme terminé.

Lors du lancement d'une application, un thread est automatiquement créé. Ce thread est appelé le « thread principal » et correspond au code qui est exécuté au démarrage de votre application (la méthode `Main()`). La fin de ce thread engendre la fin de l'application et de tous les threads associés.

C'est le système d'exploitation qui s'occupe d'exécuter et d'ordonnancer les threads. Il est donc impossible de prévoir l'ordre d'exécution des threads d'un lancement à un autre d'une application.

Les threads font partie d'une même application et se partagent donc les mêmes ressources (variables, fichiers ouverts, etc.).

Certaines ressources ne peuvent être utilisées qu'avec un seul `Thread` ; pour cela, le .NET Framework offre des mécanismes permettant d'ordonnancer et de contrôler l'exécution des threads (on appelle cela la « synchronisation des threads »). Ces mécanismes sont les *moniteurs*, les *sémaphores* et les *mutex*.

Créer et démarrer un thread

```
// Créer un Thread
public Thread(ThreadStart méthode);
public Thread(ParameterizedThreadStart méthode);
// Délégués utilisés par les constructeurs
public delegate void ThreadStart();
public delegate void ParameterizedThreadStart(
   ➥Object objet);
```

```
// Obtenir ou définir le nom du Thread
public string Name { get; set; }
```

```
// Démarrer un thread
public void Start();
public void Start(object objet);
```

Pour créer un thread, il suffit de créer une nouvelle instance de la classe `Thread` en spécifiant en paramètre la méthode à exécuter lors du démarrage du thread. Les méthodes doivent être de type `ThreadStart` ou `ParameterizedThreadStart`. Les méthodes de type `ParameterizedThreadStart` permettent de recevoir un paramètre de type `object` qui est spécifié au moment du démarrage du `Thread`.

Info

Pensez à utiliser les délégués anonymes (ou les expressions lambda) pour créer des méthodes de `Thread`.

Il est possible voire même conseillé de spécifier un nom aux `Thread` à l'aide de la propriété `Name`. Cela permet de différencier les `Thread` entre eux dans les environnements de développement (tel que Visual Studio).

Une fois qu'un `Thread` est crée, il faut le démarrer explicitement en appelant l'une des surcharges de la méthode `Start()`. Spécifiez un paramètre à la méthode `Start()` si le `Thread` fait référence à une méthode de type `ParameterizedThreadStart`. Une fois la méthode `Start()` appelée, la méthode associée est exécutée en parallèle par rapport au code qui a fait appel à la méthode `Start()`.

L'exemple suivant illustre la création d'un `Thread` qui affiche un message et la valeur de son paramètre reçu lors de l'appel à la méthode `Start()`.

```
static void Main(string[] args)
{
    Thread t;

    // Création d'un thread
    t = new Thread(MéthodeThread);

    // Affectation d'un nom
    t.Name = "Mon thread";

    for (int i = 0; i < 10; i++)
    {
        if (i == 1)
        {
            // Si i=1 alors on démarre le thread
            t.Start(1664);
        }

        Console.WriteLine("Bonjour !");
    }
}
```

```
static void MéthodeThread(object o)
{
    Console.WriteLine("Bonjour depuis le Thread !");
    Console.WriteLine("Paramètre reçu : {0}", o);
}
```

Voici un exemple d'exécution du code précédent :

```
Bonjour !
Bonjour !
Bonjour !
Bonjour !
Bonjour depuis le Thread !
Bonjour !
Bonjour !
Bonjour !
Paramètre reçu : 1664
Bonjour !
Bonjour !
Bonjour !
```

Mettre en pause un thread

```
public static void Thread.Sleep(int nbMillisecondes);
```

La méthode `static Sleep()` met en pause le thread actuellement en cours d'exécution durant un nombre de millisecondes spécifié. Lorsque le `Thread` est en pause, il ne consomme aucune ressource processeur.

L'exemple qui suit montre comment mettre en pause un `Thread` durant une seconde.

```
static void Main(string[] args)
{
    Thread t;

    // Création d'un thread
    t = new Thread(MéthodeThread);

    // Démarrer le thread
    t.Start();

    // Faire attendre le thread principal d'une seconde
    Thread.Sleep(1000);

    Console.WriteLine("Bonjour !");
}

static void MéthodeThread()
{
    Console.WriteLine("Bonjour depuis le Thread !");
}
```

Attendre la fin d'un thread

```
// Attendre la fin du thread
public void Join();
// Attendre la fin du thread sur une durée maximale
public bool Join(int duréeMaxMillisecondes);
public bool Join(TimeSpan duréeMax);
```

La méthode `Join()` de la classe `Thread` permet d'attendre la fin du thread associé. Lorsqu'un thread attend la fin d'un autre thread, il est mis en pause et ne consomme aucune ressource processeur.

Tant que le thread attendu n'est pas terminé, le thread qui a fait appel à la méthode `Join()` reste bloqué. Il est possible de spécifier une durée maximale d'attente en millisecondes. Dans ce cas, la méthode `Join()` retourne `false` pour indiquer que le `Thread` attendu est toujours en cours d'exécution.

L'exemple qui suit illustre l'attente d'un thread avec une durée de 2 secondes au maximum. La durée d'exécution du thread est chronométrée à l'aide de la classe `Stopwatch` du .NET Framework.

```
static void Main(string[] args)
{
    Thread t;
    Stopwatch chrono;
    bool résultat;

    // Création d'un thread
    t = new Thread(MéthodeThread);

    // Créer le chronomètre
    chrono = new Stopwatch();

    // Démarrer le thread
    chrono.Start();
    t.Start();

    // Attendre la fin du thread crée au maximum
    // 5 secondes
    résultat = t.Join(5000);
    chrono.Stop();

    if (résultat == false)
    {
        Console.WriteLine("Le thread a été attendu plus
           ➥de 5 secondes !");
    }
```

```
    Console.WriteLine("Temps d'exécution du Thread :
      ➥{0} ms", chrono.ElapsedMilliseconds);
}

static void MéthodeThread()
{
    Console.WriteLine("Bonjour depuis le Thread !");
    Console.WriteLine("Attente de 2 secondes");
    Thread.Sleep(2000);
    Console.WriteLine("Je viens de me réveiller !");
}
```

Le résultat produit sur la console est le suivant :

```
Bonjour depuis le Thread !
Attente de 2 secondes
Je viens de me réveiller !
Temps d'exécution du Thread : 2013 ms
```

Si maintenant, on change la valeur de pause de 2 secondes à 10 dans la méthode `MéthodeThread()`, on obtiendra la sortie suivante sur la console :

```
Bonjour depuis le Thread !
Attente de 2 secondes
Le thread a été attendu plus de 5 secondes !
Temps d'exécution du Thread : 5016 ms
```

Récupérer le thread en cours d'exécution

```
public static Thread CurrentThread { get; set; }
```

La propriété `CurrentThread` permet de récupérer le thread en cours d'exécution.

L'exemple qui suit montre un exemple de l'utilisation de la propriété `CurrentThread` afin de récupérer le nom du thread actuellement en cours d'exécution.

```
static void Main(string[] args)
{
    Thread t;

    // Création d'un thread
    t = new Thread(MéthodeThread);
    t.Name = "Mon thread à moi";

    // Démarrer le thread
    t.Start();

    // Attendre la fin du thread
    t.Join();
}

static void MéthodeThread()
{
   Thread courant;

   // Obtenir le Thread courant
   courant = Thread.CurrentThread;

   Console.WriteLine("Mon nom est : {0}", courant.Name);
}
```

Le résultat produit sur la console est le suivant :

```
Mon nom est : Mon thread à moi
```

Créer des variables statiques associées à un thread

```
[ThreadStaticAttribute]
public static <type> <nom champ>;
```

Par défaut, les variables `static` sont partagées et accessibles par tous les `Thread`. Il est possible de déclarer une variable `static` unique pour chaque thread en spécifiant l'attribut `ThreadStaticAttribute`.

Il ne faut en aucun cas affecter une valeur initiale à un champ marqué par l'attribut `ThreadStaticAttribute` (même avec le constructeur `static`). Cette initialisation n'a lieu qu'une seule fois lors de la première utilisation de la classe. Aucune autre initialisation ne sera donc faite pour les autres `Thread`. C'est donc au développeur de se charger d'initialiser la valeur du champ lors de son premier accès par un `Thread`.

L'exemple suivant illustre une classe `Compteur` ayant une instance unique dans chaque `Thread`. L'instance est accessible *via* la propriété `Courant`. Cette dernière vérifie si le champ `static` est déjà initialisé. Dans le cas contraire, une instanciation de la classe `Compteur` est réalisée et le résultat est ensuite référencé par le champ `static courant`. En spécifiant l'attribut `ThreadStaticAttribute` pour le champ `courant`, une instance `static` de `Compteur` est donc créée pour chaque `Thread`.

```
class Compteur
{
   [ThreadStaticAttribute()]
   private static Compteur courant;

   private Compteur()
   {
   }

   public int Valeur
   {
       get;
       set;
   }

   public static Compteur Courant
```

```
    {
        get
        {
            // Vérifier si le compteur est déjà existant
            if (courant == null)
            {
                courant = new Compteur();
            }

            return courant;
        }
    }
}
```

L'utilisation d'un tel compteur est très simple et se fait en une seule ligne de code :

```
Compteur.Courant.Valeur++;
```

Cette ligne incrémente le `Compteur` courant qui est associé au `Thread` en cours d'exécution.

Utilisez les sémaphores (*Semaphore*)

```
// Créer un sémaphore
public Semaphore(int valeurInitiale, int maximum);
// Créer un sémaphore nommé
public Semaphore(int valeurInitiale, int maximum,
  ➥string nom);
```

```
// Décrementer le sémaphore
public void WaitOne();
// Décrémenter le sémaphore avec une attente maximum
public bool WaitOne(TimeSpan attenteMaximum);
```

```
// Incrémenter le sémaphore et retourner sa valeur
public void Release();
```

Un sémaphore est un objet de type `System.Threading.Semaphore` qui permet de protéger un ensemble d'instructions devant être exécuté par un nombre maximal de threads. Cet ensemble d'instructions est appelé plus communément « une section critique ».

Un sémaphore contient en interne un compteur, qui est initialisé au moment de son instanciation grâce au paramètre `valeurInitiale`. Le paramètre `maximum` indique le nombre maximal de `Thread` qui peuvent exécuter une même section critique. Il est possible de donner un nom à un sémaphore ; cela permet de partager et d'utiliser un même sémaphore entre différentes applications (.NET ou non .NET).

Le compteur du sémaphore doit être décrémenté à chaque entrée dans la section critique. Si le compteur interne est déjà à 0, le thread qui a effectué l'appel est automatiquement bloqué. Ce dernier sera automatiquement débloqué lorsqu'un autre thread incrémentera la valeur du sémaphore. Dans le cas contraire, le compteur est décrémenté et l'exécution du thread se poursuit.

La décrémentation de la valeur du sémaphore se fait avec la méthode `WaitOne()`. Une surcharge permet de spécifier un temps d'attente maximum, et renvoie `false` si le sémaphore n'a pas pu être acquis par le thread.

L'incrémentation de la valeur du sémaphore doit se faire lorsqu'un thread sort de la section critique. Il suffit pour cela d'appeler la méthode `Release()`.

L'exemple suivant illustre une méthode `SectionCritique()` contenue dans une classe `ObjetProtégé`. Cette méthode est protégée par un sémaphore qui autorise son exécution simultanée par trois `Thread` au maximum.

```
class ObjetProtégé
{
   private Semaphore sémaphore;

   public ObjetProtégé()
   {
       this.sémaphore = new Semaphore(3, 3);
   }

   public void SectionCritique()
   {
      Console.WriteLine("{0} : Veut entrer dans
        ➥la section critique", Thread.CurrentThread.Name);
      this.sémaphore.WaitOne();

      Thread.Sleep(1000);
      Console.WriteLine("{0} : Exécution de la section
        ➥critique", Thread.CurrentThread.Name);

      this.sémaphore.Release();
      Console.WriteLine("{0} : Sort de la section
        ➥critique", Thread.CurrentThread.Name);
   }
}
```

Le code suivant utilise la classe `ObjetProtégé` déclarée précédemment et se charge de créer, de démarrer et d'attendre cinq `Thread`. Ces threads appellent la méthode `SectionCritique()` de l'objet `ObjetProtégé`.

```
Thread[] threads;
ObjetProtégé objet;

objet = new ObjetProtégé();
threads = new Thread[5];

// Création des threads
for (int i = 0; i < threads.Length; i++)
```

```
{
    threads[i] = new Thread(objet.SectionCritique);
    threads[i].Name = String.Format("Thread n° {0}",
      ➥i + 1);
}

// Démarrer les threads
foreach (Thread thread in threads)
{
    thread.Start();
}

// Attendre les threads
foreach (Thread thread in threads)
{
    thread.Join();
}
```

Voici un exemple du résultat de l'exécution du code précédent sur la console :

```
Thread n° 1 : Veut entrer dans la section critique
Thread n° 5 : Veut entrer dans la section critique
Thread n° 4 : Veut entrer dans la section critique
Thread n° 3 : Veut entrer dans la section critique
Thread n° 2 : Veut entrer dans la section critique
Thread n° 5 : Exécution de la section critique
Thread n° 4 : Exécution de la section critique
Thread n° 1 : Exécution de la section critique
Thread n° 1 : Sort de la section critique
Thread n° 4 : Sort de la section critique
Thread n° 5 : Sort de la section critique
Thread n° 2 : Exécution de la section critique
Thread n° 2 : Sort de la section critique
Thread n° 3 : Exécution de la section critique
Thread n° 3 : Sort de la section critique
```

Remarquez que la section critique est exécutée par trois threads au maximum.

Utiliser les mutex (*Mutex*)

```
// Créer un mutex qui n'est pas initialement détenu
// par le thread actuel
public Mutex();
// Créer un mutex en spécifiant si le mutex doit être
// initialement détenu par le thread actuel
public Mutex(bool initialementDétenu);
// Créer un mutex nommé en spécifiant si le mutex doit
// être initialement détenu par le thread actuel
public Mutex(bool initialementDétenu, string nom);
```

```
// Obtenir le mutex
public void WaitOne();
// Obtenir le mutex avec une attente maximum
public bool WaitOne(TimeSpan attenteMaximum);
```

```
// Libérer le mutex
public void ReleaseMutex();
```

Un *mutex* est un objet de type `System.Threading.Mutex` qui permet de protéger un ensemble d'instructions devant être exécuté par un seul thread à la fois. Ce procédé est appelé « l'exclusion mutuelle » et permet de protéger un ensemble d'instructions appelé « section critique ».

Un mutex est soit libre, soit détenu par un thread. Il est possible de spécifier lors de sa création si le mutex doit être détenu par le thread courant en utilisant le paramètre `initialementDétenu` des différentes surcharges du constructeur de la classe `Mutex`.

L'acquisition du mutex se fait à l'aide d'une des surcharges de `WaitOne()`. Si un autre thread détient déjà le mutex, alors le thread qui vient de faire la demande se trouve bloqué jusqu'à ce que celui-ci soit libéré.

La libération du mutex se fait à l'aide d'un appel à la méthode `ReleaseMutex()`.

L'exemple suivant illustre une méthode `SectionCritique()` contenue dans une classe `ObjetProtégé`. Cette méthode est protégée par un mutex qui n'autorise son exécution que par un seul `Thread`.

```
class ObjetProtégé
{
    private Mutex mutex;

    public ObjetProtégé()
    {
        this.mutex = new Mutex(false);
    }

    public void SectionCritique()
    {
      Console.WriteLine("{0} : Veut entrer dans la
        ➥section critique", Thread.CurrentThread.Name);
      this.mutex.WaitOne();

      Thread.Sleep(1000);
      Console.WriteLine("{0} : Exécution de la section
        ➥critique", Thread.CurrentThread.Name);

      this.mutex.ReleaseMutex();
      Console.WriteLine("{0} : Sort de la section
        ➥critique", Thread.CurrentThread.Name);
    }
}
```

Le code suivant utilise la classe `ObjetProtégé` déclarée précédemment et se charge de créer, de démarrer et d'attendre cinq `Thread`. Ces threads appellent la méthode `SectionCritique()` de l'objet `ObjetProtégé`.

```
Thread[] threads;
ObjetProtégé objet;

objet = new ObjetProtégé();
threads = new Thread[5];

// Création des threads
for (int i = 0; i < threads.Length; i++)
{
   threads[i] = new Thread(objet.SectionCritique);
   threads[i].Name = String.Format("Thread n° {0}", i + 1);
}

// Démarrer les threads
foreach (Thread thread in threads)
{
    thread.Start();
}

// Attendre les threads
foreach (Thread thread in threads)
{
    thread.Join();
}
```

Voici un exemple du résultat de l'exécution du code précédent sur la console :

```
Thread n° 2 : Veut entrer dans la section critique
Thread n° 1 : Veut entrer dans la section critique
Thread n° 3 : Veut entrer dans la section critique
Thread n° 4 : Veut entrer dans la section critique
Thread n° 2 : Exécution de la section critique
Thread n° 2 : Sort de la section critique
Thread n° 5 : Veut entrer dans la section critique
Thread n° 1 : Exécution de la section critique
Thread n° 1 : Sort de la section critique
Thread n° 3 : Exécution de la section critique
```

```
Thread n° 3 : Sort de la section critique
Thread n° 4 : Exécution de la section critique
Thread n° 4 : Sort de la section critique
Thread n° 5 : Exécution de la section critique
Thread n° 5 : Sort de la section critique
```

Remarquez que la section critique n'est exécutée chaque fois que par un seul thread.

Utiliser les moniteurs (*Monitor*)

```
// Acquérir un verrou exclusif sur l'objet spécifié
public static void Enter(object objet);

// Essayer d'acquérir un verrou exclusif sur
// l'objet spécifié
public static bool TryEnter(object objet);

// Essayer d'acquérir un verrou exclusif sur l'objet
// spécifié avec une attente maximum
public static bool TryEnter(object objet,
  ➥TimeSpan timeOut);
```

```
// Libérer un verrou exclusif sur l'objet spécifié
public static void Exit(object objet);
```

```
lock(<objet>)
{
    // Section critique
}
```

Les moniteurs permettent de marquer un bloc de code comme *section critique* par *exclusion mutuelle* comme avec les mutex. Au lieu de réaliser une exclusion mutuelle en utilisant un objet `Mutex`, l'exclusion mutuelle se base sur une instance d'un objet existant.

Il est fortement recommandé de suivre les recommandations suivantes lors de l'utilisation des moniteurs :

- Ne pas utiliser les moniteurs avec des types publics y compris sur l'objet courant (`this`).
- Ne pas utiliser les moniteurs avec des chaînes de caractères (les chaînes de caractères identiques dans tout le processus se partagent les mêmes instances).
- Ne pas utiliser les moniteurs avec `typeof(MonType)` car le type retourné est une instance unique dans tout le processus pour le type spécifié.

Si vous ne disposez pas d'un objet permettant d'être utilisé avec les moniteurs, vous pouvez instancier et utiliser un objet vide de type `Object`. Une instance d'`Object` occupe très peu de place mémoire contrairement à une classe héritée.

L'acquisition d'un verrou sur une instance d'un objet se fait avec l'appel de la méthode `static Enter()`. Si le verrou est déjà acquis par un autre thread, le thread qui effectue la demande se trouvera bloqué. Ce dernier sera automatiquement débloqué lorsque le verrou sera libéré par le thread qui le détient.

La méthode `TryEnter()` permet d'acquérir un verrou, mais le retour est immédiat. La valeur booléenne retournée indique si le verrou a pu être acquis.

La libération d'un verrou sur un objet s'effectue en utilisant la méthode `Exit()`.

Astuce

Par mesure de sécurité, afin de libérer le verrou sur une instance d'un objet en cas de levée ou non d'une exception, protégez sa libération dans un bloc `try/finally`.

L'exemple suivant illustre une méthode `SectionCritique()` contenu dans une classe `ObjetProtégé`. Cette méthode est protégée par une exclusion mutuelle à l'aide d'un moniteur.

Le verrou porte sur un objet vide initialement crée dans le constructeur de `ObjetProtégé`

```
class ObjetProtégé
{
   private object bidon; // Objet vide

   public ObjetProtégé()
   {
      this.bidon = new object();
   }

   public void SectionCritique()
   {
      Console.WriteLine("{0} : Veut entrer dans la
        ➥section critique", Thread.CurrentThread.Name);

      Monitor.Enter(this.bidon);
      try
      {
         Thread.Sleep(1000);
         Console.WriteLine("{0} : Exécution de la
           ➥section critique", Thread.CurrentThread.Name);
      }
      finally
      {
         Monitor.Exit(this.bidon);
      }

      Console.WriteLine("{0} : Sort de la section
        ➥critique", Thread.CurrentThread.Name);
   }
}
```

Le code suivant utilise la classe `ObjetProtégé` déclarée précédemment et se charge de créer, de démarrer et d'attendre cinq `Thread`. Ces threads appellent la méthode `SectionCritique()` de l'objet `ObjetProtégé`.

```
Thread[] threads;
ObjetProtégé objet;

objet = new ObjetProtégé();
threads = new Thread[5];

// Création des threads
for (int i = 0; i < threads.Length; i++)
{
   threads[i] = new Thread(objet.SectionCritique);
   threads[i].Name = String.Format("Thread n° {0}", i + 1);
}

// Démarrer les threads
foreach (Thread thread in threads)
{
    thread.Start();
}

// Attendre les threads
foreach (Thread thread in threads)
{
    thread.Join();
}
```

Voici un exemple du résultat de l'exécution du code précédent sur la console :

```
Thread n° 2 : Veut entrer dans la section critique
Thread n° 1 : Veut entrer dans la section critique
Thread n° 3 : Veut entrer dans la section critique
Thread n° 4 : Veut entrer dans la section critique
Thread n° 2 : Exécution de la section critique
Thread n° 2 : Sort de la section critique
Thread n° 5 : Veut entrer dans la section critique
Thread n° 1 : Exécution de la section critique
Thread n° 1 : Sort de la section critique
Thread n° 3 : Exécution de la section critique
Thread n° 3 : Sort de la section critique
```

```
Thread n° 4 : Exécution de la section critique
Thread n° 4 : Sort de la section critique
Thread n° 5 : Exécution de la section critique
Thread n° 5 : Sort de la section critique
```

Remarquez que la section critique est exécutée chaque fois par un seul thread.

La clause `lock` de C# utilise les méthodes `Enter()` et `Exit()` de la classe `Monitor` sur un objet spécifié en garantissant que le verrou de l'objet sera automatiquement libéré en sortie du bloc. Ainsi, il n'est plus nécessaire de protéger une section critique avec des blocs `try/finally`.

Voici l'équivalent de la clause `lock` en utilisant des blocs `try/finally`.

```
Monitor.Enter(<objet>)
try
{
   // Section critique
}
finally
{
   Monitor.Exit(<objet>);
}
```

Le code suivant représente la méthode `SectionCritique()` de l'exemple précédent en utilisant uniquement la clause `lock`.

```
public void SectionCritique()
{
    Console.WriteLine("{0} : Veut entrer dans la section
      ➥critique", Thread.CurrentThread.Name);

    lock(this.bidon);
    {
```

```
            Thread.Sleep(1000);
            Console.WriteLine("{0} : Exécution de la section
              ➥critique", Thread.CurrentThread.Name);
        }

        Console.WriteLine("{0} : Sort de la section
          ➥critique", Thread.CurrentThread.Name);
    }
```

Appeler une méthode de façon asynchrone

```
// Interface représentant l'état d'une opération
// asynchrone
public interface IAsyncResult
{
    // Indique si l'opération asynchrone est terminée
    public bool IsCompleted { get; }

    // Obtient l'objet spécifié en paramètre lors
    // de l'appel de la méthode BeginInvoke()
    public object AsyncState { get; }
}

// Déclarer le délégué de retour d'une opération
// asynchrone
delegate void AsyncCallBack(IAsyncResultat résultat);
```

```
IAsyncResult <instance résultat>;

// Appeler la méthode contenue dans la variable
<instance résultat> = <instance déléguée>.BeginInvoke(
  ➥[paramètres de la méthode],
  ➥AsyncCallBack retour, object asyncState);
```

```
// Attendre la fin de l'appel de la méthode
// asynchrone
<résultat méthode> = <instance déléguée>.EndInvoke(
  ➥<instance résultat>)
```

Le .NET Framework permet d'appeler très facilement une méthode de façon asynchrone dans un autre thread grâce aux délégués.

Toute classe de type délégué contient une méthode `BeginInvoke()` permettant d'appeler une méthode asynchrone. Ainsi, le code qui effectue l'appel n'est pas bloqué et poursuit son exécution en parallèle de la méthode invoquée.

La méthode `BeginInvoke()` retourne un objet qui implémente l'interface `IAsyncResult` représentant l'état de l'opération asynchrone. On y trouve une propriété `IsCompleted` qui indique si la méthode invoquée de manière asynchrone est terminée.

La méthode `BeginInvoke()` prend en paramètres les différents arguments à envoyer en paramètre à la méthode associée. Les deux derniers paramètres permettent de spécifier une méthode de type `AsyncCallBack` qui sera appelée à la fin de l'opération asynchrone. Un objet peut être spécifié dans le paramètre `asyncState`, afin d'être récupéré grâce à la propriété `AsyncState` de l'objet de type `IAsyncResult` retourné par l'appel de la méthode `BeginInvoke()`.

La méthode `EndInvoke()` permet d'attendre la fin de l'appel asynchrone de la méthode. Si ce dernier n'est pas terminé, le code qui effectue l'appel se trouve bloqué jusqu'à la fin de l'opération asynchrone. La méthode `EndInvoke()` peut être vue comme l'équivalent de la méthode `Thread.Join()` présentée aux sections précédentes.

La méthode `EndInvoke()` retourne la valeur retournée par la méthode appelée de façon asynchrone.

L'exemple suivant illustre la déclaration d'un délégué `Opération` prenant en paramètre deux entiers de type `int` et retournant un entier de type `int`. Une méthode `Addition` respectant la signature du délégué `Opération` est ensuite déclarée ainsi qu'une autre méthode respectant la signature du délégué `AsyncCallBack`.

```
delegate int Opération(int a, int b);

static int Addition(int a, int b)
{
  Console.WriteLine("Calcul en cours...");

  Thread.Sleep(1000); // On "simule" un calcul important

  return a + b;
}

static void CallBack(IAsyncResult ar)
{
  // Afficher le paramètre spécifié
  Console.WriteLine(ar.AsyncState);
}
```

Le code qui suit illustre l'appel de la méthode `Addition` de façon asynchrone. La méthode `CallBack` sera automatiquement appelée à la fin de l'appel de la méthode `Addition`. La chaîne de caractères « Terminé ! » est passé en paramètre à la méthode `BeginInvoke()` afin qu'elle puisse être récupérée dans la méthode `CallBack` grâce à la propriété `AsyncState`.

```
Opération opération;
IAsyncResult ar;
int résultat;

opération = Addition;
ar = opération.BeginInvoke(10, 5, CallBack, "Terminé !");

Console.WriteLine("Le calcul se fait en parallèle");

Console.WriteLine("J'attends la fin du calcul");
résultat = opération.EndInvoke(ar);

Console.Write("Le résultat de l'addition est : ");
Console.WriteLine(résultat);
```

Le résultat affiché sur la console est le suivant :

```
Le calcul se fait en parallèle
J'attends la fin du calcul
Calcul en cours...
Calcul terminé !
Le résultat de l'addition est : 15
```

Info

Les méthodes `BeginInvoke()` et `EndInvoke()` permettent d'appeler de manière simple et abstraite une méthode de façon asynchrone, sans avoir recours à la manipulation des `Thread`.

13

La sérialisation

La *sérialisation* est un processus qui consiste à convertir un ensemble d'instances de classe en une suite d'octets. Cela permet de sauvegarder des instances de classe dans un fichier et/ou de les faire transiter sur un réseau. L'opération inverse, qui consiste à récupérer ces octets, s'appelle la *désérialisation*. Il est bien évidemment possible de créer son propre mécanisme de sérialisation. Cependant, le .NET Framework dispose d'un ensemble de classes permettant de réaliser les processus de sérialisation et de désérialisation en très peu de lignes de code.

Pour sérialiser (ou désérialiser) une classe, deux étapes sont nécessaires :

- Spécifier explicitement dans la classe les champs (ou les valeurs des propriétés) que l'on souhaite sérialiser.
- Utiliser un sérialiseur : c'est cette classe qui permet de sérialiser ou de désérialiser en octets des instances de la classe précédemment modifiée. Ces octets sont écrits ou lus le plus souvent sur un flux.
- Un sérialiseur peut sérialiser ou désérialiser des objets au format binaire, mais il existe des sérialiseurs (inclus dans le .NET Framework ou provenant d'éditeurs tiers) permettant de sérialiser des objets dans d'autres formats, tel XML.

Attention

La sérialisation consiste à convertir tout (ou une partie) des valeurs des attributs d'une classe. Le code des méthodes ou des propriétés n'est pas sérialisé.

- Un sérialiseur sérialise par défaut des types primitifs. Si la classe à sérialiser contient des champs faisant référence à d'autres types complexes (non primitifs) il faudra alors définir ces autres types comme sérialisable.

Info

Les classes `String`, `DateTime` et `TimeSpan` sont sérialisables.

Déclarer une classe sérialisable avec *SerializableAttribute*

```
[SerializableAttribute()]
class <nom de la classe>
{
   // Champs sérialisables
   <visibilité> <type du champ> <nom du champ>;

   // Champs non sérialisables
   [NonSerializedAttribute()]
   <visibilité> <type du champ> <nom du champ>;
}
```

Pour définir une classe qui soit sérialisable, il faut faire précéder sa déclaration par l'attribut `SerializableAttribute`. Cet attribut permet de sérialiser automatiquement tous les champs de classe. Si certains champs ne doivent pas être sérialisable, il est alors nécessaire de les faire précéder de l'attribut `NonSerializedAttribute`.

Info

Les champs sérialisables peuvent être `private`, `protected`, `internal` ou `public`.

L'exemple suivant illustre une classe `Personne` contenant trois champs dont l'un n'est pas sérialisable.

```
[SerializableAttribute()]
class Personne
{
    private int age;
    private string nom;

    [NonSerializedAttribute()]
    private bool estNouveau;
}
```

Sérialiser et désérialiser un objet avec *BinaryFormatter*

```
// Créer une instance de BinaryFormatter
public BinaryFormatter();
```

```
// Sérialiser un objet dans un flux spécifié
public void Serialize(Stream flux, object objet);
```

```
// Désérialiser un objet contenu dans le flux spécifié
public object Deserialize(Stream flux);
```

Le sérialiseur `BinaryFormatter` permet de sérialiser et de désérialiser des instances d'une classe au format binaire dans des flux d'octets.

Le code suivant représente une classe `Personne` qui sera sérialisée.

```
[SerializableAttribute()]
class Personne
{
    private int age;
    private string nom;

    [NonSerializedAttribute()]
    private bool estNouveau;

    public string Nom
    {
        get { return this.nom; }
        set { this.nom = value; }
    }

    public int Age
    {
        get { return this.age; }
        set { this.age = value; }
    }

    public bool EstNouveau
    {
        get { return this.estNouveau; }
        set { this.estNouveau = value; }
    }
}
```

L'exemple qui suit, instancie la classe précédente et affecte 27 à la propriété `Age`, « Gilles TOURREAU » à la propriété `Nom` et `true` à la propriété `EstNouveau`. Cette instance est ensuite sérialisée dans un flux mémoire à l'aide de la méthode `Serialize()`. Le contenu de ce flux mémoire est ensuite réutilisé pour effectuer l'opération inverse à l'aide de la méthode `Deserialize()`.

```
BinaryFormatter sérialiseur;
Personne p;

sérialiseur = new BinaryFormatter();

p = new Personne();
p.Age = 27;
p.Nom = "TOURREAU Gilles";
p.EstNouveau = true;

using (MemoryStream ms = new MemoryStream())
{
    // Sérialiser la personne dans le MemoryStream
    sérialiseur.Serialize(ms, p);

    // Se mettre au tout début du flux
    ms.Position = 0;

    // Désérialiser la personne contenue dans
    // le MemoryStream
    p = (Personne)sérialiseur.Deserialize(ms);

    Console.WriteLine("Nom : {0}", p.Nom);
    Console.WriteLine("Age : {0}", p.Age);
    Console.WriteLine("Est nouveau : {0}", p.EstNouveau);
}
```

Voici le résultat produit sur la console :

```
Nom : TOURREAU Gilles
Age : 27
Est nouveau : False
```

Remarquez que la valeur du champ `estNouveau` est à `false` car elle n'a pas été sérialisée. Lors de la désérialisation, le champ `estNouveau` n'étant pas désérialisé, il aura comme valeur la valeur par défaut du type `bool`.

Personnaliser le processus de sérialisation avec l'interface *ISerializable*

```
// Interface ISerializable
public interface ISerializable
{
    // Se produit lors de la sérialisation
    void GetObjectData(SerializationInfo info,
      ➥StreamingContext context);
}
```

```
// Constructeur à ajouter dans l'objet pour
// la désérialisation
<visibilité> Personne(SerializationInfo info,
  ➥StreamingContext contexte)
{
}
```

```
// Méthodes de sérialisation de SerializationInfo
public void AddValue(string nom, bool valeur);
public void AddValue(string nom, char valeur);
public void AddValue(string nom, double valeur);
public void AddValue(string nom, int valeur);
public void AddValue(string nom, object objet);
public void AddValue(string nom, string valeur);

// Méthodes de désérialisation de SerializationInfo
public bool GetBoolean(string nom);
public char GetChar(string nom);
public double GetDouble(string nom);
public object GetObject(string nom);
public int GetInt32(string nom);
public string GetString(string nom);
```

Il est possible de personnaliser le processus de sérialisation utilisé par `BinaryFormatter` en implémentant l'interface `ISerializable` sur l'objet à sérialiser.

Info

Si vous implémentez l'interface `ISerializable`, Microsoft vous recommande de spécifier quand même explicitement l'attribut `SerializedAttribute()`.

Durant la sérialisation, la méthode `GetObjectData()` est automatiquement appelée afin de récupérer les valeurs à sérialiser. Ces valeurs doivent être spécifiées à l'objet `SerializationInfo` passé en paramètre, en appelant l'une des surcharges de la méthode `AddValue()`. Cette méthode prend en paramètre un nom qui doit être associé à la valeur afin qu'elle puisse être identifiable durant le processus de désérialisation.

L'implémentation de `ISerializable` impose l'ajout d'un constructeur prenant en paramètre un objet de type `SerializationInfo` et un autre de type `SerializationContext`. Ce constructeur est automatiquement appelé par le processus de désérialisation lors de la création de l'objet. Les valeurs sérialisées doivent être récupérées *via* les méthodes commençant par « Get » de l'objet `SerializationInfo` passé en paramètre. Le paramètre `nom` de ces méthodes permet de récupérer la valeur associée qui a été spécifiée au moment de l'appel à la méthode `GetObjectData()`.

Info

Pour sérialiser un objet qui n'est pas un type primitif, utilisez la surcharge `AddValue(string, Object)`. Pour la désérialisation, utilisez la méthode `GetObject(string)`.

En implémentant la méthode `ISerializable`, vous pouvez créer votre propre logique pour sérialiser ou désérialiser les valeurs d'une classe. L'implémentation de l'interface `ISerializable` ne permet pas de modifier le format des données sérialisées.

L'exemple qui suit illustre une classe `Personne` implémentant l'interface `ISerializable`.

```
[SerializableAttribute()]
class Personne : ISerializable
{
    private int age;
    private string nom;
    private bool estNouveau;

    public string Nom
    {
        get { return this.nom; }
        set { this.nom = value; }
    }

    public int Age
    {
        get { return this.age; }
        set { this.age = value; }
    }

    public bool EstNouveau
    {
        get { return this.estNouveau; }
        set { this.estNouveau = value; }
    }

    public Personne()
    {
    }

    // Constructeur utilisé pour la désérialisation
    private Personne(SerializationInfo info,
      ➥StreamingContext contexte)
    {
        // Désérialiser l'age
        this.age = info.GetInt32("a");
        // Désérialiser le nom
       this.nom = info.GetString("n");
    }
```

```
        public void GetObjectData(SerializationInfo info,
        ➥StreamingContext context)
      {
          // Sérialiser la valeur de l'age
          info.AddValue("a", this.age);

          // Sérialiser la valeur du nom
          info.AddValue("n", this.nom);
      }
  }
```

Info

Le constructeur utilisé pour la désérialisation peut être `protected` si la classe risque d'être héritée.

Déclarer une classe sérialisable avec *DataContractAttribute* (.NET 3.0)

```
[DataContract(
   ➥Name="<Nom du contrat de données>",
   ➥Namespace="<Espace de noms>")]
class <nom de la classe>
{
   // Champs sérialisables
   [DataMember(
      ➥EmitDefaultValue=<Sérialiser la valeur par défaut>
      ➥Name="<Nom du champ>",
      ➥IsRequired=<Est requis>
      ➥Order=<Numéro d'ordre>)]
   <visibilité> <champ ou propriété>;
}
```

L'attribut `DataContractAttribute` permet de déclarer une classe qui implémente un contrat de données et qui est sérialisable *via* un sérialiseur tel que `DataContractSerializer`. Les contrats de données sont très utilisés pour l'échange de données dans WCF (*Windows Communication Foundation*). Ils sont disponibles depuis la version 3.0 du .NET Framework.

Le sérialiseur `DataContractSerializer` sérialise les contrats de données en XML (voir la section suivante).

Une classe qui implémente un contrat de données doit être précédée de l'attribut `DataContractAttribute`. Cet attribut prend en paramètre le nom du contrat ainsi qu'un espace de noms (afin de le différencier d'autres contrats qui auraient le même nom).

Les champs ou propriétés de la classe qui doivent être sérialisés sont précédés de l'attribut `DataMemberAttribute`.

Info

La *sérialisation* d'une propriété consiste à appeler le code contenu dans le `get`. La *désérialisation* d'une propriété consiste à appeler le code contenu dans le `set` en affectant la valeur désérialisée.

Les propriétés de l'attribut `DataMemberAttribute` permettent de spécifier :

- le nom du membre à sérialiser ;
- si un membre est requis (`IsRequired`) durant la désérialisation. Si cette valeur est définie à `true` et si la valeur du membre est absente, alors une exception est déclenchée durant la désérialisation ;
- si la valeur par défaut d'un membre (`EmitDefaultValue`) doit être sérialisée explicitement. Si cette propriété est définie à `false` et que le membre à sérialiser est défini à sa valeur par défaut, alors aucune valeur ne sera produite durant la sérialisation ;
- l'ordre (`Order`) dans lequel se trouvent les membres à sérialiser.

L'exemple qui suit illustre l'utilisation des attributs `DataContractAttribute` et `DataMemberAttribute` afin de déclarer une classe `Personne` comme un contrat de données.

```
[DataContractAttribute(Name = "personne", Namespace
  ➥="http://gilles.tourreau.fr/livre/GDSCSharp")]
class Personne
{
    [DataMemberAttribute(Name = "age", IsRequired = false,
      ➥EmitDefaultValue = false)]
    private int age;
    private string nom;

    [DataMemberAttribute(Name = "nom", IsRequired = true,
      ➥EmitDefaultValue = true)]
    public string Nom
    {
        get { return this.nom; }
        set { this.nom = value; }
    }
}
```

Sérialiser et désérialiser un objet avec *DataContractSerializer* (.NET 3.0).

```
// Créer une instance d'un sérialiseur pour
// le type spécifié
public DataContractSerializer(Type type);
```

```
// Sérialiser un objet dans le flux spécifié
public void WriteObject(Stream flux, object objet);
```

```
// Désérialiser un objet contenu dans le flux spécifié
public object ReadObject(Stream flux);
```

Le sérialiseur `DataContractSerializer` permet de sérialiser et de désérialiser des classes de contrat de données qui sont définies à l'aide de l'attribut `DataContractAttribute`.

Les instances des classes sont sérialisées au format XML. Ce format est très utilisé pour l'échange de données entre application et surtout dans WCF (*Windows Communication Foundation*).

Le code suivant illustre la déclaration d'une classe `Personne` qui sera ensuite sérialisée et désérialisée à l'aide de `DataContractSerializer`.

```
[DataContractAttribute(Name = "personne", Namespace
  ➥="http://gilles.tourreau.fr/livre/GDSCSharp")]
class Personne
{
    [DataMemberAttribute(Name = "age", IsRequired = false,
      ➥EmitDefaultValue = false)]
    private int age;
    private string nom;
    private bool estNouveau;

    [DataMemberAttribute(Name = "nom", IsRequired = true,
      ➥EmitDefaultValue = true)]
    public string Nom
    {
        get { return this.nom; }
        set { this.nom = value; }
    }

    public int Age
    {
        get { return this.age; }
        set { this.age = value; }
    }

    public bool EstNouveau
    {
        get { return this.estNouveau; }
        set { this.estNouveau = value; }
    }
}
```

L'exemple qui suit instancie la classe précédente et affecte 0 à la propriété `Age`, « Gilles TOURREAU » à la propriété `Nom` et `true` à la propriété `EstNouveau`. Cette instance est ensuite sérialisée dans un flux mémoire à l'aide de la méthode `WriteObject()`. Le contenu de ce flux mémoire est ensuite réutilisé pour effectuer l'opération inverse à l'aide de la méthode `ReadObject()`. Le contenu sérialisé est affiché en dernier sur la console.

```
DataContractSerializer sérialiseur;
Personne p;

sérialiseur = new DataContractSerializer(typeof(Personne));
p = new Personne();
p.Age = 0;
p.Nom = "TOURREAU Gilles";
p.EstNouveau = true;

using (MemoryStream ms = new MemoryStream())
{
    // Sérialiser la personne dans le MemoryStream
    sérialiseur.WriteObject(ms, p);

    // Se mettre au tout début du flux
    ms.Position = 0;

    // Désérialiser la personne contenue dans
    // le MemoryStream
    p = (Personne)sérialiseur.ReadObject(ms);


    Console.WriteLine("Nom : {0}", p.Nom);
    Console.WriteLine("Age : {0}", p.Age);
    Console.WriteLine("Est nouveau : {0}", p.EstNouveau);

    // Afficher le contenu du document XML
    Console.WriteLine(Encoding.UTF8.GetString(
      ➥ms.ToArray()));
}
```

Le résultat produit sur la console est le suivant :

```
Nom : TOURREAU Gilles
Age : 0
Est nouveau : False
```

Remarquez que la valeur du champ `estNouveau` est à `false` car il n'a pas été sérialisé. Lors de la désérialisation, le champ `estNouveau` n'étant pas désérialisé, il aura comme valeur la valeur par défaut du type `bool`.

Voici maintenant le code XML généré par le sérialiseur `DataContractSerializer`.

```
<personne xmlns="http://gilles.tourreau.fr/livre/GDSCSharp"
  ➥xmlns:i="http://www.w3.org/2001/XMLSchema-instance">
  <nom>TOURREAU Gilles</nom>
</personne>
```

Remarquez que le champ `age` n'a pas été sérialisé. Étant donné qu'il était à 0 (valeur par défaut du type `int`) et que l'attribut `DataMemberAttribute` associé définit la propriété `EmitDefaultValue` à `false`, alors aucune sérialisation n'est produite pour ce champ. Vous pouvez constater aussi que les propriétés `Name` des attributs `DataContractAttribute` et `DataMemberAttribute` permettent de définir les noms des éléments XML générés durant la sérialisation (ou analysés durant la désérialisation).

14

L'introspection

L'*introspection* permet de parcourir les métadonnées des types .NET. Ainsi, il est possible par programmation de lister les membres d'un type, de connaître sa classe de base, ses interfaces implémentées, ses paramètres de type générique, etc. L'introspection permet aussi d'instancier dynamiquement des types et d'utiliser des membres sur ces instances (par exemple l'invocation d'une méthode).

L'introspection est très utilisée par des outils d'exploration de code (Visual Studio par exemple), mais aussi pour utiliser des types sans les connaître à l'avance. C'est le cas des mécanismes de « plugins » ; les types ne sont pas connus à la compilation mais uniquement à l'exécution.

L'utilisation de l'introspection pour l'exécution de code (par exemple l'appel d'une méthode) peut être coûteuse en temps contrairement à du code compilé. De plus, l'introspection rend le code beaucoup moins typé, plus difficile à lire et certaines erreurs doivent être testées à l'exécution et non à la compilation (par exemple l'appel d'une méthode inexistante). L'introspection doit donc être utilisée avec parcimonie.

Dans .NET, les types sont contenus dans des conteneurs physiques appelés *assembly*.

Info

Toutes les classes contenant les fonctionnalités d'introspection se trouvent dans l'espace de noms `System.Reflection`. En anglais, le terme introspection est traduit par « reflection ». Beaucoup de livres et d'articles en français traduisent de manière inadaptée ce terme par « réflexion ».

Récupérer la description d'un type

```
Type <type>;

// Obtenir la déclaration d'un type à partir
// d'une instance
<type> = <instance>.GetType();

// Obtenir la déclaration d'un type à partir
// de son nom
<type> = typeof(<nom d'un type>);

// Obtenir la déclaration d'un type à partir
// d'une chaîne de caractères
<type> = Type.GetType(«<nom d'un type>»);
```

```
// Propriétés contenues dans la classe Type

// Obtenir le nom du type
public string Name { get; }
// Obtenir le nom complet de la classe (avec
// le namespace)
public string FullName { get; }
// Obtenir le namespace du type
public string Namespace { get; }
```

La classe `Type` du .NET Framework contient toutes les informations sur un type .NET tel qu'une classe ou une structure. Grâce à la classe `Type`, il est possible de récupérer la liste des constructeurs, méthodes, événements, propriétés et champs contenus dans le type associé.

Les propriétés `Name`, `Namespace` et `FullName` de la classe `Type` permettent de récupérer respectivement le nom, l'espace de noms et le nom complet (espace de noms + nom) du type.

La méthode `GetType()` permet de récupérer une instance de `Type` qui décrit le type de l'instance où porte la méthode. La méthode `GetType()` se trouvant dans la classe de base `Object`, cette méthode est donc accessible par tous les objets.

L'exemple suivant illustre l'appel de la méthode `GetType()` sur une chaîne de caractères. Le nom, l'espace de noms et le nom complet du type obtenu sont ensuite affichés sur la console.

```
Type type;
string s;

s = "Gilles TOURREAU";
type = s.GetType();

Console.WriteLine("Name : {0}", type.Name);
Console.WriteLine("Namespace : {0}", type.Namespace);
Console.WriteLine("Fullname : {0}", type.FullName);
```

Voici le résultat produit sur la console correspondant à la description de la classe `String` :

```
Name : String
Namespace : System
Fullname : System.String
```

La classe `Type` contient une méthode `static GetType()` permettant de récupérer la description d'un type à partir de son nom. L'exemple qui suit illustre l'utilisation de cette méthode :

```
Type type;

type = Type.GetType("System.Int32");

Console.WriteLine("Name : {0}", type.Name);
Console.WriteLine("Namespace : {0}", type.Namespace);
Console.WriteLine("Fullname : {0}", type.FullName);
```

Voici le résultat produit sur la console correspondant à la description de la classe `Int32` :

```
Name : Int32
Namespace : System
Fullname : System.Int32
```

L'opérateur `typeof` permet de récupérer la description d'un type en spécifiant directement le nom de celui-ci. Le nom du type est contrôlé à la compilation (comme pour la déclaration d'une variable). L'exemple suivant illustre l'utilisation de cet opérateur qui produit le même résultat que l'exemple précédent.

```
Type type;

type = typeof(Int32);

Console.WriteLine("Name : {0}", type.Name);
Console.WriteLine("Namespace : {0}", type.Namespace);
Console.WriteLine("Fullname : {0}", type.FullName);
```

Info

La méthode `GetType()` de la classe `Object` et le mot-clé `typeof` retournent toujours une instance de classe `Type`. Il n'est donc pas nécessaire de contrôler si ces deux opérations retournent une référence `null`.

Récupérer la description d'un *assembly*

```
Assembly <instance>;

// Récupérer l'assembly contenant la méthode
// de démarrage (Main())
<instance> = Assembly.GetEntryAssembly();

// Récupérer l'assembly contenant la méthode en cours
// d'exécution
<instance> = Assembly.GetExecutingAssembly();

// Récupérer l'assembly contenant la méthode qui
// a appelé la méthode courante
<instance> = Assembly.GetCallingAssembly();

// Charger l'assembly spécifié
<instance> = Assembly.LoadForm(string fichier);
```

```
// Description de la classe Assembly
class Assembly
{
  // Obtenir le nom complet de l'assembly
  public string FullName { get; }

  // Obtenir l'emplacement de l'assembly
  public string Location { get; }

  // Obtenir tous les types contenus dans l'assembly
   public Type[] GetTypes();
}
```

Un *assembly* est un fichier contenant plusieurs classes compilées. Les assemblys portent par défaut l'extension `.dll`, et les assemblys exécutables (par exemple une application console) se terminent par l'extension `.exe`.

Les assemblys sont représentés par des instances de la classe `Assembly`. Trois méthodes `static` permettent de récupérer les `Assembly` actuellement chargés.

La méthode `static GetEntryAssembly()` permet de récupérer l'assembly qui contient la méthode de démarrage de l'application (par exemple la méthode static `Main()` pour une application console).

La méthode `static GetCallingAssembly()` permet de récupérer l'assembly contenant la méthode qui a effectué l'appel de la méthode courante.

La méthode `static GetExecutingAssembly()` permet de récupérer l'assembly contenant la méthode en cours d'exécution.

Il est possible de charger un assembly présent sur un disque en utilisant la méthode `LoadFrom()`, en spécifiant en paramètre le chemin complet du fichier à charger. Cette méthode ne recharge pas l'assembly s'il a déjà été chargé. Dans ce cas, la méthode `LoadFrom()` retourne l'instance de l'assembly déjà chargé. Si l'assembly fait référence à d'autres `Assembly` qui n'ont pas été chargés, le .NET Framework s'occupe de les charger automatiquement.

Une fois qu'une instance de la classe `Assembly` a été récupérée, il est possible d'obtenir le nom et l'emplacement de l'assembly associé à l'aide des propriétés `FullName` et `Location`. La méthode `GetTypes()` permet de retourner un tableau contenant des instances de type `Type`, représentant la description de toutes les classes contenues dans l'assembly.

L'exemple suivant illustre l'affichage des informations sur l'assembly en cours d'exécution ainsi que les différents types qu'il contient.

```
Assembly a;

// Récupérer l'assembly où se trouve la méthode Main()
a = Assembly.GetExecutingAssembly();
```

```
// Afficher les informations sur l'assembly
Console.WriteLine(a.FullName);
Console.WriteLine(a.Location);

// Afficher tous les types contenu dans l'assembly
Console.WriteLine("*****");
foreach (Type t in a.GetTypes())
{
    Console.WriteLine(t.FullName);
}
```

Récupérer et appeler un constructeur

```
// Récupérer un constructeur particulier d'un type
ConstructorInfo <constructeur>;
<constructeur> = <type>.GetConstructor(
  ➥<types paramètres>);
```

```
// Récupérer tous les constructeurs d'un type
ConstructorInfo[] <constructeurs>;
<constructeurs> = <type>.GetConstructors();
```

```
// Appeler le constructeur
object <instance>;
<instance> = <constructeur>.Invoke(<paramètres>);
```

```
// Obtenir des informations sur les paramètres
ParameterInfo[] <paramètres>;
<paramètres> = <constructeur>.GetParameters();

// Propriétés contenues dans la classe ParameterInfo
// Obtenir le nom du paramètre
public string Name { get; }
// Obtenir le type du paramètre
public Type ParameterType { get; }
```

La classe `Type` contient une méthode `GetConstructor()` permettant de récupérer la description d'un constructeur du type associé. Étant donné qu'il peut exister plusieurs surcharges de constructeurs, la méthode `GetConstructor()` prend en paramètre un tableau qui contient les différents `Type` de chaque paramètre. Cela permet au .NET Framework de trouver et récupérer la bonne surcharge du constructeur demandé. Le constructeur obtenu est décrit dans la classe `ConstructorInfo`

Toutes les descriptions des constructeurs d'un type peuvent être récupérées à l'aide de la méthode `GetConstructors()`.

La classe `ConstructorInfo` contient une méthode `GetParameters()` permettant de récupérer un tableau décrivant la liste des paramètres requis par le constructeur. La description d'un paramètre se trouve dans la classe `ParameterInfo`. Elle contient deux propriétés `Name` et `ParameterType` permettant de récupérer respectivement le nom et le type du paramètre décrit.

L'exemple suivant illustre la récupération du constructeur de la classe `Personne` prenant en paramètre un type `string` (le nom de la personne) et un type `int` (l'âge de la personne). Une description des paramètres du constructeur est ensuite affichée sur la console.

Voici la définition de la classe `Personne`.

```
class Personne
{
    public Personne()
    {
    }

    public Personne(string nom, int age)
    {
      Console.WriteLine("Construction d'une personne");
      Console.WriteLine("Nom = {0} ; age = {1}",
        ➥nom, age);
    }
}
```

Voici maintenant le code permettant de récupérer le constructeur de la classe `Personne`.

```
Type t;
ConstructorInfo constructeur;

t = typeof(Personne);

// Récupération du constructeur Personne(string, int)
constructeur = t.GetConstructor(
  ➥new Type[] { typeof(string), typeof(int) });

// Affichage de la description des paramètres
foreach (ParameterInfo p in
  ➥constructeur.GetParameters())
{
   Console.WriteLine("Nom (Type) : {0} ({1})", p.Name,
     ➥p.ParameterType.FullName);
}
```

Le résultat produit sur la console est le suivant :

```
Nom (Type) : nom (System.String)
Nom (Type) : age (System.Int32)
```

Une fois une instance `ConstructorInfo` obtenue, il est possible d'invoquer le constructeur associé, en utilisant la méthode `Invoke()`, afin de construire une instance du type associé. La méthode `Invoke()` prend en paramètre un tableau d'objets contenant les paramètres à passer au constructeur et retourne un objet instancié du type associé.

L'exemple suivant illustre l'appel du constructeur de la classe `Personne` prenant en paramètre le nom et l'âge de celui-ci.

```
Type t;
Personne p;
ConstructorInfo constructeur;

t = typeof(Personne);
```

```
// Récupération du constructeur Personne(string, int)
constructeur = t.GetConstructor(
  ➥new Type[] { typeof(string), typeof(int) });

// Instanciation d'une Personne
p = (Personne)constructeur.Invoke(
  ➥new object[] { "TOURREAU", 26 });
```

Le résultat produit sur la console est le suivant :

```
Vous venez de construire une personne
Nom = TOURREAU ; age = 26
```

Instancier un objet à partir de son *Type*

```
// Instancier un objet à partir de son Type
object <instance> = Activator.CreateInstance(<type>);
```

La classe `Activator` du .NET Framework contient une méthode static `CreateInstance()` permettant d'instancier un objet en utilisant son constructeur sans paramètre.

Cette méthode permet de simplifier l'écriture d'une instanciation dynamique d'un objet, en évitant de rechercher par introspection le constructeur à invoquer.

L'exemple suivant illustre la création d'une instance de la classe `Personne`.

```
Personne p;

p = (Personne)Activator.CreateInstance(typeof(Personne));
```

Récupérer et appeler une méthode

```
// Obtenir une méthode particulière d'un type
MethodInfo <méthode>;
<méthode> = <type>.GetMethod(<nom>,
  ➥<types paramètres>);
```

```
// Obtenir toutes les méthodes d'un type
MethodInfo[] <méthode>;
<méthode> = <type>.GetMethods();
```

```
// Propriétés contenues dans la classe MethodInfo

// Obtenir le type de retour de la méthode
public Type ReturnType { get; }
// Obtenir le nom de la méthode
public string Name { get; }
```

```
// Appeler la méthode
<méthode>.Invoke(<objet>, <paramètres>);
```

```
// Obtenir des informations sur les paramètres
ParameterInfo[] <paramètres>;
<paramètres> = <constructeur>.GetParameters();

// Propriétés contenues dans la classe ParameterInfo

// Obtenir le nom du paramètre
public string Name { get; }
// Obtenir le type du paramètre
public Type ParameterType { get; }
```

La classe `Type` contient une méthode `GetMethod()` permettant de récupérer la description d'une méthode du type associé. Étant donné qu'il peut exister plusieurs surcharges d'une méthode de même nom, la méthode `GetMethod()` prend en paramètre un tableau qui contient les différents `Type` de chaque paramètre. Cela permet au .NET Framework de récupérer la bonne surcharge de la méthode demandée. La méthode obtenue est décrite dans la classe `MethodInfo`

Toutes les descriptions des méthodes d'un type peuvent être obtenues à l'aide de la méthode `GetMethods()`.

La classe `MethodInfo` contient une méthode `GetParameters()` permettant de récupérer un tableau décrivant la liste des paramètres requis par la méthode. La description d'un paramètre se trouve dans la classe `ParameterInfo`. Elle contient deux propriétés `Name` et `ParameterType` permettant de récupérer respectivement le nom et le type du paramètre décrit.

L'exemple suivant illustre la récupération de la méthode `GetNom()` de la classe `Personne` prenant en paramètre un type `string` (message à afficher). Une description de la méthode ainsi que les paramètres associés sont ensuite affichés sur la console.

Voici la définition de la classe `Personne`.

```
class Personne
{
    private string nom;

    public Personne(string nom)
    {
       this.nom = nom;
    }

    public string GetNom(string message)
    {
        Console.WriteLine(message, this.nom);
        return nom;
    }
}
```

Voici maintenant le code permettant de récupérer la méthode en question de la classe `Personne`.

```
Type t;
MethodInfo méthode;

t = typeof(Personne);

// Récupération de la méthode GetNom(string)
méthode = t.GetMethod("GetNom",
   ➥new Type[] { typeof(string) });

// Affichage des informations sur la méthode
Console.WriteLine("Nom : {0}", méthode.Name);
Console.WriteLine("Retourne : {0}",
   ➥méthode.ReturnType.FullName);

// Affichage de la description des paramètres
foreach (ParameterInfo p in méthode.GetParameters())
{
   Console.WriteLine("Paramètre (Type) : {0} ({1})",
      ➥p.Name, p.ParameterType.FullName);
}
```

Le résultat produit sur la console est le suivant :

```
Nom : GetNom
Retourne : System.String
Paramètre (Type) : message (System.String)
```

Une fois une instance `MethodInfo` obtenue, il est possible d'invoquer la méthode associée, en utilisant la méthode `Invoke()`. La méthode `Invoke()` prend en paramètre l'objet sur lequel sera effectué l'appel (`null` si la méthode est une méthode `static`) ainsi qu'un tableau d'objets contenant les paramètres à passer à la méthode. La méthode `Invoke()` retourne la valeur retournée par la méthode appelée.

L'exemple suivant illustre l'appel de la méthode `GetNom()` de la classe `Personne` prenant en paramètre le message à afficher. La valeur retournée est récupérée et affichée sur la console.

```
Type t;
MethodInfo méthode;
Personne p;
string valeurRetour;

t = typeof(Personne);

// Récupération de la méthode GetNom(string)
méthode = t.GetMethod("GetNom",
  ➥new Type[] { typeof(string) });

// Création d'une personne
p = new Personne("TOURREAU");

// Appel de la méthode GetNom()
valeurRetour = (string)méthode.Invoke(p,
  ➥new object[] { "Mon nom est : {0}" });

Console.WriteLine("Valeur de retour : {0}",
  ➥valeurRetour);
```

Le résultat produit sur la console est le suivant :

```
Mon nom est : TOURREAU
Valeur de retour : TOURREAU
```

Définir et appliquer un attribut

```
// Définir une classe attribut
[AttributeUsage(AttributeTargets application,
  ➥AllowMultiple=true|false)]
class <nom attribut>Attribute : Attribute
{
   // Membres de l'attribut
}
```

```
// Eléments d'<application> des attributs :
AttributeTargets.Assembly          // Assembly
AttributeTargets.Class             // Classe
AttributeTargets.Struct            // Structure
AttributeTargets.Constructor       // Constructeur
AttributeTargets.Method            // Méthode
AttributeTargets.Property          // Propriété
AttributeTargets.Field             // Champ
AttributeTargets.Event             // Événement
AttributeTargets.Interface         // Interface
AttributeTargets.All               // Tout
```

```
// Appliquer un attribut
[<nom attribut>Attribute([<paramètres constructeur>][,
  ➥<propriété>=<valeur>,...])]

// Application d'un attribut sur un assembly
[assembly: <nom attribut>Attribute(
  ➥[<paramètres constructeur>]
  ➥[,<propriété>=<valeur>,...])]
```

Les attributs en .NET permettent d'ajouter des métadonnées aux assembly, classes, structures, méthodes, constructeurs, propriétés, champs et événements. Ces attributs peuvent être récupérés durant l'exécution à l'aide du mécanisme d'introspection.

La création d'un attribut consiste à créer une classe qui hérite d'`Attribute`. Il est possible d'ajouter des propriétés dans la classe créée afin de pouvoir récupérer les valeurs associées au moment de l'introspection.

Un attribut s'applique par défaut à tous les éléments de programmation du .NET cités précédemment. Cependant, il est possible de restreindre l'utilisation d'un attribut sur un ou plusieurs éléments de programmation en appliquant l'attribut `AttributeUsage` à la classe de l'attribut personnalisée. Le constructeur de cette classe prend en paramètre une ou plusieurs constantes de l'énumération `AttributeTargets` représentant les éléments de programmation à restreindre.

Par défaut, un attribut peut être appliqué plusieurs fois sur un élément de programmation. Pour appliquer un attribut qu'une seule fois, il suffit de définir à `true` la propriété `AllowMultiple` de l'attribut `AttributeUsage`.

L'exemple suivant illustre la création d'un attribut `ValidationAttribute` qui s'applique uniquement aux propriétés des types. Cet attribut permet d'associer à une propriété un message de validation si la propriété est `null`. Ce message est spécifié au niveau du constructeur de l'attribut. Une propriété en lecture et écriture permet de définir si nécessaire la longueur minimale de la chaîne de caractère.

```
// L'attribut est utilisable uniquement sur
// les propriétés et il n'est pas possible
// d'en spécifier plusieurs
[AttributeUsage(AttributeTargets.Property,
  ➥AllowMultiple = false)]
class ValidationAttribute : Attribute
{
    private string message;
    private int longueurMinimum;

    public ValidationAttribute(string message)
    {
        this.message = message;
    }

    public string Message
    {
        get { return this.message; }
    }

    public int LongueurMinimum
    {
```

```
        get { return this.longueurMinimum; }
        set { this.longueurMinimum = value; }
    }
}
```

Pour appliquer un attribut, il suffit de le spécifier entre crochets avant l'élément de programmation concerné. L'application d'un attribut produira son instanciation au moment de son introspection. Cette instanciation est réalisée en utilisant l'un des constructeurs dont les paramètres doivent être spécifiés entre parenthèses.

L'exemple suivant illustre l'application de l'attribut créé précédemment dans une propriété `Nom`. L'attribut `ValidationAttribute` contenant un constructeur avec un paramètre, il est donc nécessaire de spécifier ce paramètre lors de l'application de l'attribut.

```
[ValidationAttribute("Le nom est requis")]
public string Nom
{
    get { return this.nom; }
    set { this.nom = value; }
}
```

L'application d'un attribut sur un assembly doit être précédée du mot-clé `assembly`. Ces attributs sont le plus souvent contenus dans un fichier appelé `AssemblyInfo.cs`, contenant des informations sur un assembly.

L'exemple suivant illustre l'application de l'attribut `AssemblyVersion` sur un assembly :

```
[assembly: AssemblyVersion("1.0.0.0")]
```

Un attribut peut contenir des propriétés en écriture. Ces propriétés peuvent être définies au moment de l'application de l'attribut en spécifiant le nom de la propriété suivi de sa valeur.

L'exemple suivant illustre l'application de l'attribut `ValidationAttribute` en définissant la valeur 10 à la propriété `LongueurMinimum`.

```
[ValidationAttribute("Le nom est requis",
  ➥ LongueurMinimum=10)]
public string Nom
{
    get { return this.nom; }
    set { this.nom = value; }
}
```

Récupérer des attributs

```
// Obtenir les attributs d'un objet d'introspection
object[] <attributs>;
<attributs> = <élément programmation>.
  ➥GetCustomAttributes(
    ➥Type typeAttributs, bool attributsHérités);
```

Pour récupérer les attributs d'un objet d'introspection (par exemple une propriété), il suffit d'appeler la méthode `GetCustomAttributes()` sur l'élément de programmation concerné (par exemple `MethodInfo`). Cette méthode prend en paramètre une instance `Type` correspondant au type des attributs à récupérer. Si un objet d'introspection est hérité dans un type, il est possible de spécifier à l'aide du paramètre `attributsHérités` que les attributs hérités doivent aussi être récupérés.

La méthode `GetCustomAttributes()` provoque l'instanciation des attributs et retourne tous les attributs correspondant aux paramètres spécifiés dans un tableau d'`object`. L'instanciation d'un attribut est réalisée qu'une seule fois durant toute la vie de l'application.

L'exemple suivant illustre la récupération d'un attribut `ValidationAttribute` appliquée sur une propriété. Les valeurs de ces propriétés sont ensuite affichées sur la console.

Voici la définition de l'attribut `ValidationAttribute`.

```
[AttributeUsage(AttributeTargets.Property,
  ➥AllowMultiple = false)]
class ValidationAttribute : Attribute
{
    private string message;
    private int? longueurMinimum;

    public ValidationAttribute(string message)
    {
        this.message = message;
    }

    public string Message
    {
        get { return this.message; }
    }

    public int? LongueurMinimum
    {
        get { return this.longueurMinimum; }
        set { this.longueurMinimum = value; }
    }
}
```

Voici maintenant un exemple d'application de l'attribut `ValidationAttribute`.

```
public class Personne
{
  [ValidationAttribute("Le nom est requis",
    ➥LongueurMinimum = 10)]
  public string Nom
  {
```

```
        get { return this.nom; }
        set { this.nom = value; }
    }
}
```

Et enfin le code permettant de récupérer l'attribut `ValidationAttribute` appliqué à la propriété `Nom` de la classe `Personne`.

```
PropertyInfo propriétéNom;
object[] attributs;
ValidationAttribute validationAttribute;

// Récupération de la propriété Nom
propriétéNom = typeof(Personne).GetProperty("Nom");

// Récupérer les attributs de la propriété
// Nom de type ValidationAttribute
attributs = propriétéNom.GetCustomAttributes(
  ➥typeof(ValidationAttribute), true);

// Vérifier qu'au moins un attribut a été récupéré
if (attributs.Length > 0)
{
   // Vérifier que l'attribut récupéré est de type
   // ValidationAttribute
   validationAttribute = attributs[0]
     ➥as ValidationAttribute;

   if (validationAttribute != null)
   {
       Console.WriteLine("Longueur minimum : {0}",
         ➥validationAttribute.LongueurMinimum);
       Console.WriteLine("Message : {0}",
         ➥validationAttribute.Message);
   }
}
```

Le résultat produit sur la console est le suivant :

```
Longueur minimum : 10
Message : Le nom est requis
```

Le mot-clé *dynamic* (C# 4.0)

```
dynamic <instance>;
```

Le mot-clé `dynamic` permet d'effectuer des opérations sur du code qui ne seront pas contrôlées à la compilation mais uniquement à l'exécution. Par exemple, il est possible d'appeler une méthode `M()` sur une variable `dynamic` sans connaître à l'avance l'objet référencé. Il n'est donc plus nécessaire d'introspecter les types afin d'y rechercher et d'invoquer dynamiquement des membres.

À l'exécution, l'accès à un membre indéfini sur une instance d'une variable dynamique lève une exception de type `RuntimeBinderException`.

Attention

L'utilisation du mot-clé `dynamic`, comme pour l'introspection, rend votre code beaucoup moins typé. Ainsi, les erreurs sur les noms des membres devront être contrôlées durant l'exécution de l'application et non au moment de sa compilation. Évitez donc d'abuser de l'utilisation du mot-clé `dynamic`.

L'exemple suivant illustre l'utilisation du mot-clé `dynamic` en faisant appel à une méthode `Avancer()` contenue dans un objet dont le type sera connu à l'exécution.

```
class Personne
{
    public void Avancer()
    {
        Console.WriteLine("Je marche !");
```

```
    }
}

class Voiture
{
    public void Avancer()
    {
        Console.WriteLine("Vrooum !");
    }
}
```

Le code suivant illustre maintenant l'utilisation de ces deux classes à l'aide du mot-clé `dynamic`.

```
dynamic o;

Console.WriteLine("Voulez-vous créer une Personne ?");
if (Console.ReadLine() == "O")
{
   o = new Personne();
}
else
{
   o = new Voiture();
}

o.Avancer();
```

Dans l'exemple précédent, si l'utilisateur répond « O » à la question, une instance de type `Personne` est créée sinon une instance de type `Voiture` l'est. Dans tous les cas, la méthode `Avancer()` est appelée sur l'objet instancié.

Si maintenant, on change l'appel de la méthode `Avancer()` par :

```
o.ExistePas();
```

le code précédent compilera sans aucun problème, mais à l'exécution, une erreur de type `RuntimeBinderException` sera déclenchée.

Index

Symboles

A

B

C

D

E

F

G

H

I

J

K

L

M

N

O

P

Q

R

S

T

Dépôt légal : septembre 2010
IMPRIMÉ EN FRANCE

Achevé d'imprimer le 2 septembre 2010
sur les presses de l'imprimerie « La Source d'Or »
63039 CLERMONT-FERRAND
Imprimeur n° 10594